河北省科技计划项目：纳米晶太阳能电池技术创新及产业化联合研究(14394403D)研究成果

纳米晶太阳能电池产业技术创新路线图及产业化模式：以河北省为例

李子彪　李元元◎著

NAMIJING TAIYANGNENG DIANCHI CHANYE
JISHU CHUANGXIN
LUXIANTU JI CHANYEHUA MOSHI
YI HEBEI SHENG WEILI

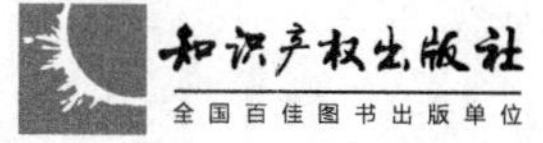

图书在版编目（CIP）数据

纳米晶太阳能电池产业技术创新路线图及产业化模式：以河北省为例/李子彪，李元元著. —北京：知识产权出版社，2016.4

ISBN 978 - 7 - 5130 - 4155 - 3

Ⅰ.①纳… Ⅱ.①李… ②李… Ⅲ.①太阳能电池—高技术产业—技术革新—研究—河北省 ②太阳能电池—高技术产业—产业化—模式—研究—河北省 Ⅳ.①F426.61

中国版本图书馆 CIP 数据核字（2016）第 080365 号

内容提要

本书在新能源需求加大的背景下，首先分析纳米晶太阳能电池技术以及产业化方面的研究进展；其次阐明河北省纳米晶太阳能电池产业存在的优势与劣势、面临的机遇与挑战，对纳米晶太阳能电池技术市场需求、产业目标、技术壁垒及研发需求进行全面分析，绘制河北省纳米晶太阳能电池技术创新路线图；再次从纳米晶太阳能电池技术发展模式及研发主体、技术产业化组织模式、资金筹集模式、纳米晶太阳能电池重点应用领域、政府作用等角度探索河北省纳米晶太阳能电池技术产业化模式，并提出政策化建议。

本书适合高新技术创新管理、科技政策研究人员、政府管理人员、经济管理专业的高校师生以及相关领域的研究人员阅读。

责任编辑：李　潇　　　**责任校对**：谷　洋

封面设计：李志伟　　　**责任出版**：刘译文

纳米晶太阳能电池产业技术创新路线图及产业化模式：以河北省为例

李子彪　李元元　著

出版发行：知识产权出版社有限责任公司　　**网　　址**：http：//www. ipph. cn

社　　址：北京市海淀区西外太平庄 55 号　　**邮　　编**：100081

责编电话：010 - 82000860 转 8133　　**责编邮箱**：lixiao@ cnipr. com

发行电话：010 - 82000860 转 8101/8102　　**发行传真**：010 - 82000893/82005070/82000270

印　　刷：北京中献拓方科技发展有限公司　　**经　　销**：各大网上书店、新华书店及相关专业书店

开　　本：787mm × 1092mm　1/16　　**印　　张**：10.25

版　　次：2016 年 4 月第 1 版　　**印　　次**：2016 年 4 月第 1 次印刷

字　　数：167 千字　　**定　　价**：48.00 元

ISBN 978-7-5130-4155-3

前　言

随着经济社会的迅猛发展，全球对能源的需求量持续增长且其能源消耗主要以石油、煤炭、天然气等不可再生资源为主。统计显示，2014 年全球石油的消耗量占总能源消耗量的 32.6%，煤炭、天然气等资源消耗量分别占总资源消耗量的 30.0%、23.7%。石油、煤炭、天然气等资源属不可再生资源，其在地球上的储存量以及可开采量是有限的，据经济学家及科学家的普遍估计，石油、煤炭、天然气等资源未来将逐渐开采殆尽，世界将面临传统能源枯竭的危机。此外，由传统能源利用带来的生态环境问题也日益突出，传统能源消耗量的持续上升，导致大气中 CO_2 浓度剧增，由此引起全球气候变暖，据科学家预测，今后 45 年内地球表面平均温度将上升 1.5～4.5℃，这将导致海平面上升 25～100CM；另外，20 世纪初期英国伦敦“雾都”的形成以及当前我国大范围的雾霾天气，主要是由于传统能源大规模利用引起的。基于此，以石油为主的传统能源结构向新能源结构转型已刻不容缓。目前，新能源作为一种绿色、清洁、可再生资源已引起了世界各国的广泛关注，其中，太阳能资源以其独特的优势而成为人们重点关注的焦点。太阳能资源作为地球上最重要的新能源，是一种清洁、安全，且受区域限制较小的能源。此外，太阳能资源是一种高效能源，太阳辐射到地球大气层外界的能量高达 1.73×10^5 tw，即太阳每秒钟投射到地球上的能量相当于 5.9×10^6 吨煤。

光伏发电是利用太阳能资源的主要形式，目前，光伏产业正日益成为国际上继 IT、微电子产业后又一爆炸式发展行业，世界各国均将发展光伏产业作为发展高新技术产业的重要战略。近年，全球光伏市场保持不断增长态势，据 EPIA 统计，2013 年全球太阳能光伏新增装机容量 37GW，累计装机容量达到 139.16GW，其中中国新增装机容量占全球光伏新增装机容量市场份额的 30.54%，位居全球首位，日本的光伏新增装机容量为 6.9 GW，位居全球第二，美国为4.8 GW，位居全球第三，而在2008年至2011年间，欧盟各国一直是光伏行业的佼佼者。据专家预测，2015年全球新增装机容量预计将超过50GW，同比增长16.3%，累计光伏容量超过230GW，中国、美国、日本、欧洲等国仍保持强劲增长势头，同时，印度、泰国、智利、墨西哥等国也纷纷发展光伏产业，新兴市场不断涌现。

纳米晶太阳能电池作为新兴光伏产品，具有制备工艺简单、成本较低、使用寿命长、可刚性可柔性、可打印、可多彩等特性，已引起了世界各国的广泛关注。目前，纳米晶太阳能电池还处于中试阶段，并未产业化，这为世界各国抢占纳米晶太阳能电池市场提供了契机。在光伏市场竞争激烈的态势下，世界各国纷纷投入科研力量研发纳米晶太阳能电池技术，并在纳米晶太阳能电池基础研究及产业化方面取得了一定成果。目前，美国已建立了BIPV建筑一体化示范工程，日本研究开发出了艺术图案纳米晶太阳能电池，澳大利亚建立了面积达200 m^2 的纳米晶太阳能电池显示屋顶，德国也研制了纳米晶太阳能电池组件汽车、韩国在纳米晶太阳能电池BIPV方面取得了一定成果。

我国的太阳能资源较为丰富，年太阳辐射总量6680～8400MJ/m^2，相当于日辐射量5.1～6.4 MJ/m^2，特别是青藏高原中南部的太阳能资源尤为丰富，接近世界上最著名的撒哈拉大沙漠，据数据统计调查发现，我国太阳能资源2/3地区的利用价值很高或较高，1/3地区绝大多数也是可资利用，此外，我国与同纬度的其他国家相比，与美国相近，比日本、欧洲条件优越得多，因而有巨大的开发潜力。我国光伏产业自2002年规模化发展以来，便迅速发展，并逐渐成为世界光伏制造量第一的国家，但我国的光伏技术水平则一直是处于跟随者的状态，纳米晶太阳能电池技术作为一种新兴高新技术，它的研究、开发将有望使我国摆脱跟随者的身份，同时纳米晶太阳能电池技术的研究、开发，将会进一步提高我国光伏产业核心竞争力，确保我国在国际光伏市场上的地位。目前，我国纳米晶太阳能电池发展起步较晚，在核心技术方面以及产业化方面较美国、日本等国相对不足。

河北省是我国重要的光伏产业基地，2012年河北省太阳能电池产量高达332.13万千瓦，仅次于江苏、江西两省，位居我国第三；2013年由于我国受欧盟“双反”影响较大，绝大部分省市区的太阳能电池产量均出现了大幅下滑，而河北省在行业危机中逆市而上，其产量达到339.3万千瓦，实现了

0.5%的同比增长率；2014 年上半年河北省太阳能电池出口额高达 6 亿美元，仅次于江苏、浙江两省，位居我国第三。但河北省在纳米晶太阳能电池研究方面较国外以及国内其他省区相对不足，据统计，在 2004 年～2015 年期间，上海、北京、吉林、陕西等省市区申请有关纳米晶太阳能电池技术的专利数分别为 37 项、10 项、6 项、5 项等，而河北省在此期间并未申请相关的专利。在当前世界各国以及我国其他省市区竞相研发纳米晶太阳能电池技术的态势下，河北省也应采取一定的措施发展纳米晶太阳能电池技术，以进一步提升河北省光伏产业核心竞争力，否则河北省将会在光伏产业上处于被动地位。

基于此，在光伏产业竞争激烈的态势下，如何发展河北省纳米晶太阳能电池技术，实现纳米晶太阳能电池技术产业化，以提升河北省光伏产业核心竞争力，是摆在河北省政府、光伏生产经营者和学者面前的一个严峻问题，因而，指明纳米晶太阳能电池技术发展方向、制定加速河北省纳米晶太阳能电池技术产业化进程方案将是河北省学者未来的研究方向。本课题认为，技术路线图作为一种未来可视化规划工具，其应用于纳米晶太阳能电池产业，可规划河北省纳米晶太阳能电池技术发展路径，明确其发展方向，此外探索一条符合河北省实际的产业化发展模式能够有效地加速河北省纳米晶太阳能电池技术产业化进程。

2012 年 5 月课题负责人赴荷兰马斯特里赫特大学做访问学者，研究高新技术产业的研发和发展问题，期间对纳米技术和生物技术的国际前沿进行了跟踪。基于此背景，2013 年与荷兰马斯特里赫特大学 Lili Wang 等多位老师合作申请了 2014 年度河北省科技计划项目“纳米晶太阳能电池技术创新及产业化联合研究”（项目编号：14394403D），并获得立项。本研究即是在河北省科技计划项目资助下展开研究的，首先全面分析了国内外以及河北省纳米晶太阳能电池技术以及产业化方面的研究进展，明确了河北省在纳米晶太阳能电池技术方面以及产业化方面研究相对不足；其次通过产业调研、分析，阐明河北省纳米晶太阳能电池产业存在的优势与劣势、面临的机遇与挑战，进而明确河北省纳米晶太阳能电池产业的任务与发展前景；其三是对纳米晶太阳能电池技术市场需求、产业目标、技术壁垒及研发需求进行全面分析，并按照“市场需求——产业目标——技术壁垒——研发需求”为路径绘制河北省纳米晶太阳能电池技术创新路线图；其四是在河北省纳米晶太阳能电池技术路线图的基础上，从纳米晶太阳能电池技术发展模式及研发主体、技术产业化组织模式、资金筹集模式、纳米晶太阳能电池重点应用领域、政府作用等角度探索河北省纳米晶太阳能电池技术产业化模式，以期加速河北省纳米晶太阳能电池产业化进程；最后为推进河北省纳米晶太阳能电池技术产业化进程，本书进一步提出一系列政策化建议。

河北省纳米晶太阳能电池技术路线图及产业化模式的研究，不仅对河北省光伏产业结构调整、转化发展方式以及发展纳米晶太阳能电池产业具有重要的战略意义，同时对我国在光伏产业竞争激烈的态势下抢占纳米晶太阳能电池市场，提高光伏产业核心竞争力具有积极的指导作用。

课题组其他成员：李林琼、余迎新、魏进平、祝增奎、魏玉静，马斯特里赫特大学 Lili Wang 博士、Weihua Huang 博士也为课题的研究直至完成，付出了艰辛的努力，在此对他（她）们表示衷心的感谢！同时，河北省内 100 余位来自于高校、研究所、企业等单位的专家参与了本课题的问卷调研工作，对本课题的研究提出了很多有意义的建议，在此表示衷心感谢！同时要感谢知识产权出版社李潇编辑和她的同仁，对本书提出了大量修改建议和意见。编制河北省纳米晶太阳能电池技术路线图以及探索河北省纳米晶太阳能电池技术产业化模式是一项复杂的系统工程，由于经验不足以及时间有限，书中难免会有瑕疵，请各位批评指正。

作者

2016 年 1 月 1 日

目　录

第一章　绪　论 …… 1

1.1　研究背景与意义 …… 1

1.2　研究主要内容与研究框架 …… 9

1.3　研究的创新之处 …… 11

第二章　技术路线图理论基础与文献综述 …… 13

2.1　技术路线图方法论综述 …… 13

2.2　产业技术路线图研究进展 …… 17

2.3　述评 …… 19

第三章　纳米晶太阳能电池概况 …… 21

3.1　纳米晶太阳能电池基础研究 …… 21

3.2　纳米晶太阳能电池研究进展 …… 29

3.3　河北省纳米晶太阳能电池研究进展以及国内外研究对河北省的启发 …… 56

第四章　河北省纳米晶太阳能电池技术创新路线图要素分析 …… 61

4.1　河北省纳米晶太阳能电池市场需求分析 …… 61

4.2　河北省纳米晶太阳能电池产业目标分析 …… 73

4.3　河北省纳米晶太阳能电池技术壁垒分析及研发需求分析 …… 78

第五章　河北省纳米晶太阳能电池技术创新路线图 …… 91

5.1　河北省纳米晶太阳能电池技术创新路线图设计 …… 91

5.2　河北省纳米晶太阳能电池技术创新路线图 …… 92

第六章　河北省纳米晶太阳能电池技术产业化模式研究 …… 94

6.1　河北省纳米晶太阳能电池技术发展模式及技术研发主体研究 …… 94

6.2 河北省纳米晶太阳能电池技术产业化组织模式研究 …… 101
6.3 河北省纳米晶太阳能电池技术产业化的资金筹集模式研究 …… 104
6.4 河北省政府在河北省纳米晶太阳能电池技术产业化的作用 …… 107
6.5 纳米晶太阳能电池重点应用领域研究 …… 108
6.6 河北省纳米晶太阳能电池技术产业化模型框架 …… 116

第七章 推进河北省纳米晶太阳能电池技术产业化的政策化建议 …… 118

7.1 加强产业化模式 …… 118
7.2 加强与国外、国内其他省市区间的合作 …… 120
7.3 加强技术创新路线图配套工作 …… 132
7.4 其他政策化建议 …… 133

主要参考文献 …… 136

附　录 …… 150

附录A 河北省纳米晶太阳能电池技术创新路线图要素
——市场需求、产业目标调研 …… 150
附录B 河北省纳米晶太阳能电池技术发展模式及研发主体调研 …… 152
附录C 区域纳米技术发展关键路径研究测度变量间的
相关系数矩阵 …… 155

第一章 绪 论

1.1 研究背景与意义

1.1.1 课题研究背景

1. 发展纳米技术已成为世界各国发展高新技术产业的重要战略

纳米技术是一门在0.1~100nm 空间尺度内操纵原子和分子，对材料进行加工、制造具有特定功能的产品、或对某物质进行研究、掌握其原子和分子的运动规律和特性的崭新高技术学科（胡文祥等，1998）[1]。纳米技术的内涵非常广泛，包括纳米材料的制造技术、纳米技术在各个领域（如医学、生物、化工、航空、气象等领域）应用的技术、在纳米微区内对物质传输和能量传输新规律的认识、在纳米空间构筑一个器件以实现对原子、分子的操控等。有研究表明，纳米技术可作为一种通用技术，广泛应用在几乎整个制造业的所有领域的经济活动中（Wang、Meijers & Szirmai，2013）[2]。纳米技术已与信息技术、生物技术共同构成了21 世纪高新技术的三大支柱且已被世界公认为最重要的、发展最快的战略高新技术产业之一，成为促进产业进步、发展国民经济和保障国防安全的重要推动力。

世界各国为提升国家核心竞争力，均将纳米技术作为国家重大战略性产业，纷纷制定国家层面的发展战略和计划，加大科研投入。美国于2000 年制定《国家纳米技术计划》（NNI），并不断加大 NNI 计划经费投入，自 2001 年至 2010 年共计经费投入已超过 118 亿美元，此外美国国会于 2003 年通过了《21 世纪纳米技术研究开发法案》，这标志着纳米技术已成为联邦的重大研发计划。2005 年，欧盟制定《欧洲纳米技术发展战略》，欧盟成员国德国、法国、英国、芬兰、比利时、丹麦等分别制定了符合本国国情的纳米技术发展计划，欧盟及主要成员国已累计投入超过140亿美元。日本对纳米技术非常重视，将纳米技术开发计划列入2001~2005年、2006~2010年"科学技术基本计划中"，目前，日本国会又进一步提出将发展纳米技术作为今后20年日本的立国之本，此外日本重视纳米技术科研经费投入，其每年经费投入达到5亿美元。韩国2001年制定了《促进纳米技术10年计划》，2002年颁布了新的《促进纳米技术开发法》，并于2003年又进一步颁布了《纳米技术开发实施规则》，其对纳米技术的重视程度不亚于美国和日本。澳大利亚国家于2007年开始实施总投资2150万澳元的"国家纳米战略"（NNS）。印度政府与2001年启动国家纳米技术计划（NSTI），科学技术部于三年内共投资1000万美元，此外印度政府于2007年将投入2.5亿美元建设3个纳米研究机构以实施其制定的一个五年计划。此外，新加坡、加拿大、以色列、巴西、俄罗斯等国也制定了符合各国国情的纳米科技战略。

2. 世界各国展开激烈的竞争态势

纳米技术代表了以使能技术作为基础的科学，这些技术仍处于技术生命周期的早期阶段，这为各国占据纳米技术的前沿地位，成为纳米技术的开拓者，进而能够引领高新技术产业的发展提供了契机。特别是对于欠发达国家来说，一项处于发展早期阶段的新技术是使其步入发达国家行列的踏板，较早的进入新技术的开发领域是实现赶超的关键（Perez 和 Soete，477页）[3]，所以，纳米技术为发展中国家提供了赶超发达国家的机遇。基于此，世界各国展开了激烈的竞争态势，以期成为纳米前沿技术的佼佼者。

纳米科技出版数是反映纳米技术基础研究情况的重要指标，该指标的变化趋势能够反映出纳米科技研究的激烈竞争的情况。为获得世界各国纳米科技出版物，明确其2000年~2015年的变化趋势，本课题以nano为主题、以国家/地区为精炼因素通过河北工业大学图书馆外文数据库——THOMSON REUTERE（WEB OF SCIENCE）对世界主要纳米科技国进行检索，并以1年为时间跨度展示其变化趋势。如下图1.1所示。由图1.1可知，日本在2000年、2001年位居世界主要纳米科技国之首，而美国的纳米科技出版物数量于2003年开始超越日本，中国的纳米科技出版物数量自2005年以来稳定上升至第一名，韩国的纳米科技出版物量自2004年超越德国、法国后，其排名一直稳定在第四位，印度的纳米科技出版物量自2000年持续稳定增长，截止2015年其增长幅度达到392%，并自2012年超越日本后，其排名一直稳定在第三位，其他主要纳米科技国也以不同的增长率呈现增长趋势，这表明世界各国的纳米科技出版物量基本保持持续竞相增长态势，展示了世界各国竞相发展纳米技术的局面。

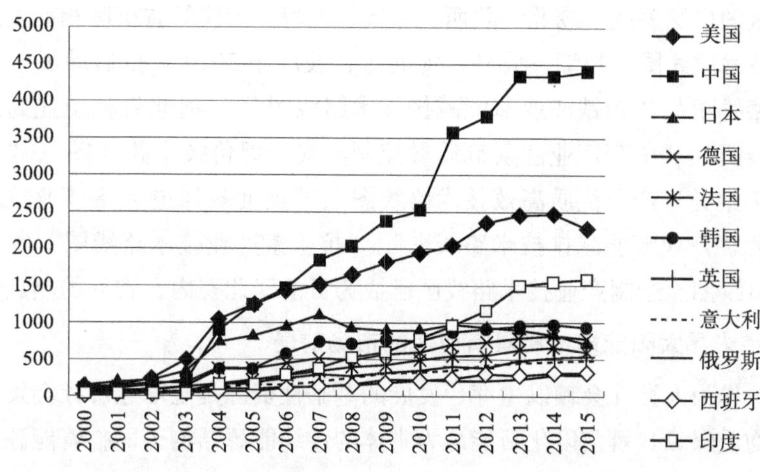

图 1.1 主要国家的纳米科技论文量的变化趋势

注：数据来源于作者通过河北工业大学图书馆外文数据库——THOMSON REUTERE（WEB OF SCIENCE）检索统计所得。

3. 产业创新技术路线图已成为河北省内、省外的热点话题

随着市场版图的不断扩大、市场需求的不断变化以及技术的不断进步，国际间、国内省市区之间竞争日益激烈，同时，产业投资风险随之增加，基于此，国家、省市区、投资者急需寻求一种未来可视化工具，以便在把握市场经济需求的前提下，及时发掘技术潜在路径，把握未来技术发展机会，以提高自身竞争力、有效规避投资风险，而产业技术路线图作为一种规划未来产业发展路径的可视化管理工具便迎合了这一需求且其目前已成为美国、日本、英国、加拿大、欧洲等国家广泛应用的管理工具，特别是美国，据鹤井由佳 2003 年在 Web 网站上对产业技术路线图进行的统计，美国绘制的产业技术路线图占产业技术路线图总量（46 个）的 75%。

产业技术路线图作为一种有效的管理工具，不仅受到美国、日本、英国等国的广泛关注，同时也成为我国关注的焦点。自广东省于 2006 年在全国率先研究产业技术路线图的理论，并于 2007 年，相继启动了“广东省建筑陶瓷技术路线图”、“广东省绿化无铅技术路线图”、“广东省铝工业技术路线图”、

"广东省食品安全检测与评价技术路线图"、"工业产品环境适应性国家重点实验室技术路线图"等5个产业技术路线图后，产业技术路线图便引起了我国其他省市区的广泛关注，湖北、陕西、重庆、上海、天津等省市区相继发起了绘制产业技术路线图的热潮。此外，河北省科技厅于2010首批启动了"光伏产业技术路线图"、"钢铁产业节能减排技术路线图"、"河北省种植业高效用水技术路线图"、"中药产业注射剂质量控制与安全评价技术路线图"、"河北省蔬菜（果菜类）产业优质高效技术路线图"、"河北省风电装备产业技术路线图"、"水泥产业节能减排技术路线图"、"抗生素产业技术路线图"等八个产业技术路线图。绘制产业技术路线图已成为目前河北省内、省外的热点话题。

4. 纳米晶太阳能电池将具有巨大的市场前景

能源作为人类社会赖以生存、发展的基础性资源是全球经济社会发展的最基本的物质保障。目前以化石能源为主体的传统能源结构正面临着能源日益枯竭以及气候变暖的双重挑战，据经济学家和科学家的普遍估计，到本世纪中叶，即2050年左右，石油资源将会开采殆尽，煤炭、石油资源也分别在2120年、2060年左右开采殆尽；由传统能源利用带来的气候变暖问题也日益突出，传统能源消耗量的持续上升，导致大气中CO_2浓度剧增，由此引起全球气候变暖，据科学家预测，今后45年内地球表面平均温度将上升1.5~4.5℃，这将导致海平面上升25~100CM，特别是我国在这方面表现尤为突出，据英国风险评估公司Maplecroft公布的温室气体排放量数据显示，我国每年向大气中排放的CO_2超过60亿万吨，位居世界之首，由此引起的气候变暖问题日益严重，据中国气象局发布的《2015年中国气象公报》显示，2015年，我国的全国平均气温为10.5℃，较常年偏高0.95℃，创历史最高值。能源结构转型已刻不容缓。

新能源作为一种可再生能源，能够满足不断增长的经济需求，保证国家经济持续发展，此外新能源具有绿色、清洁等特点，能够有效地降低CO_2排放量，据估计，风能替代常规能源产量1亿度电，就可以减少600吨的CO_2排放量。基于此，世界各国积极调整能源结构，大力推进新能源发展。2012年世界核电、风电、太阳能、其他非水电可再生能源（包括生物质能发电和地热等）消耗量分别达到了2476.6、521.3、93.0、435.0TWh，分别是1990年的1.24、144.8、232.5、3.57倍。特别是2005年以来，太阳能发电、风电分别以50%、25%以上的高速度实现了飞跃式增长。如下图1.2所示。

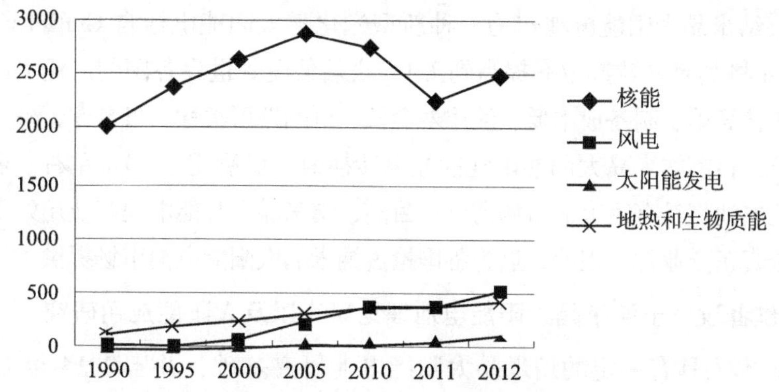

图 1.2 1990 ~ 2012 年世界新能源产业发电量情况

注：数据来源于《BP Statisticai Review of World Energy 2013 workbook》

新能源主要包括核能、风能、水能、太阳能、生物质能等，核能发电是利用核反应堆中核裂变所释放出的热能进行发电。目前，发达国家以及部分发展中国家相继建立了核电站，发展至今核裂变技术也已经比较成熟，但是，国际间对核裂变的安全性问题存在争议，此外存在核能发电效率较低、成本投入大、产生的高低阶段放射性废料不易处理等问题；风力、水力等资源具有成本低、无污染等优点，但受地域影响较大，不易普及应用；生物质能具有燃烧容易、污染少、灰分较低的优点，但同时其能量密度低、收集成本较高；而太阳能作为清洁、高效、无污染、无毒害、成本低且受地域影响较小的新能源，将是未来新能源发展的趋势。此外，我国的太阳能资源较为丰富，年太阳辐射总量6680 ~ 8400MJ/m^2，相当于日辐射量5.1 ~ 6.4 MJ/m^2，特别是青藏高原中南部的太阳能资源尤为丰富，接近世界上最著名的撒哈拉大沙漠，据数据统计调查发现，我国太阳能资源 2/3 地区的利用价值很高或较高，1/3 地区绝大多数也是可资利用的。这为我国发展光伏产业奠定了物质基础。

由于太阳能资源是未来新能源发展的趋势，因此光伏产业也将是世界最具发展前景的新能源产业，其正日益成为国际上继 IT、微电子产业后又一爆炸式发展的行业，发展光伏产业已成为世界各国提高核心竞争力的重要战略，目前国际上已商业化的硅基太阳能电池的市场已趋于饱和，且硅基太阳能电池技术已相当成熟，若仅发展硅基太阳能电池产业，未来部分国家将会丧失核心竞争力。为提高自身核心竞争力，应适时转移光伏产业发展方向，开发、发展新型太阳能电池产业。纳米晶太阳能电池作为一种新型光化学太阳能电池自 Gratzel 研究团队于 1991 年将其光电转换效率提高到 7.1%之后便受到世界各国的广泛关注，其具有制备工艺简单、制备成本低、使用寿命长、可刚性可柔性、可打印、可多彩等特性，此外，目前纳米晶太阳能电池的光电转换效率已稳定在 10%左右，未来纳米晶太阳能电池将具有巨大的市场前景。目前，纳米晶太阳能电池产业还处于中试阶段，并未真正产业化，因此，这为各国抢占纳米晶太阳能电池市场提供了契机。

5. 作者致力于纳米晶太阳能电池理论研究以及太阳能应用研究

作者本人具有一定的纳米晶太阳能电池研究基础，并于 2014 年 1 月申请了河北省科技计划项目——纳米晶太阳能电池技术创新及产业化联合研究，旨在对纳米晶太阳能电池技术进行系统研究，研究纳米晶太阳能电池制作技术、纳米晶太阳能电池产业化模式；在应用研究方面，作者本人也取得了一定的科研成果，于 2014 年 12 月申请了两项实用新型专利——设有直通结构的太阳能花洒、自调节光线感应太阳能，设有直通结构的太阳能花洒与自调节光线感应太阳能均属于太阳能配件领域，前者主要解决目前传统用于太阳能的花洒放凉水时难以收集造成的水资源浪费的问题，作者本人通过对现有花洒结构的改良，实现了水资源的高效利用，改良了太阳能淋浴使用的舒适度；后者主要解决目前传统太阳能热水器的吸热管太阳能利用率较低的问题，通过结构设计，该实用新型可最大限度的利用太阳能提高能量转换且其智能化程度更高、应用性广，可实现吸热管的大角度调节，满足一年四季阳光光线角度变化的极值。

1.1.2 问题的提出

纳米晶太阳能电池作为一种新型光化学电池因其具有制备工艺简单、制备成本低、使用寿命长、可刚性可柔性、可打印、可多彩等特性引起了国外及国内各省市区的广泛关注。目前纳米晶太阳能电池还处于中试阶段并未真正产业化，各国或各地区为抢占纳米晶太阳能电池市场均积极致力于纳米晶太阳能电池的研究、开发且取得了一定的科研成果。河北省作为重要的硅基太阳能电池基地在国际或国内光伏市场上均具有一定的竞争优势，而目前硅基太阳能电池市场已趋于饱和，且技术已相当成熟，若仅发展硅基太阳能电池产业，未来河北省将在光伏市场上丧失核心竞争力，为维持本省光伏产业在国内外的地位河北省也专注于纳米晶太阳能电池的研究开发，但河北省在纳米晶太阳能电池的基础研究以及产业研究方面较国外或国内其他省市区相比存在一定的差距。本课题认为，制定促进河北省纳米晶太阳能电池技术发展、加速产业化进程的方案、措施或政策将是河北省学者未来研究的方向。

技术的发展存在潜在路径，把握技术发展的潜在路径，便可有效地把握技术发展的机会，抢占技术制高点，本书认为促进河北省纳米晶太阳能电池技术快速发展的前提条件是明确其发展的潜在路径；高新技术产业化是指将对产业有重大影响的高新技术成果转化为产品，在市场需求的驱动下，进行大规模研发、生产，并进行商业化经营的过程，高新技术产业化模式是高新技术产业化过程中所采取的产业化形式，是影响技术产业化进程的重要因素，本课题认为探索河北省纳米晶太阳能电池技术产业化模式对发展河北省纳米晶太阳能电池产业具有重要的意义，一条符合河北省实际的现代光伏技术产业化发展的模式可以加速河北省纳米晶太阳能电池产业化进程；切实有效的政策化建议，能够促进河北省纳米晶太阳能电池产业化发展，为河北省政府制定纳米晶太阳能电池发展政策具有重要的指导意义。

为在把握纳米晶太阳能电池技术市场需求的前提下探究河北省纳米晶太阳能电池技术发展的潜在路径，规划河北省纳米晶太阳能电池技术发展方向，保证河北省及时把握纳米晶太阳能电池技术发展的机会，以抢占纳米晶太阳能电池技术制高点，提高光伏产业核心竞争力，本书将一种未来可视化规划工具——产业技术路线图应用于纳米晶太阳能电池产业，以市场需求—产业目标—技术壁垒—研发需求为路径绘制河北省纳米晶太阳能电池技术路线图；此外，本书从纳米晶太阳能电池技术发展模式和研究主体、技术产业化组织模式、资金筹集模式、纳米晶太阳能电池重要应用领域、政府作用等角度探索河北省纳米晶太阳能电池技术产业化模式，以期加速河北省纳米晶太阳能电池技术产业化进程。

1.1.3 研究的意义

1. 本研究为进一步探讨技术路线图理论以及应用具有一定的指导意义

本课题首先对技术路线图的内涵、划分、表现形式以及产业技术路线图的绘制、研究进展等进行了梳理。技术路线图作为未来技术发展的可视化工具，已深受美国、加拿大、英国、日本、韩国等国家的青睐，并取得了显著的成果，我国对技术路线图的研究起步较晚，基础理论以及产业应用方面均不成熟，本书通过对技术路线图相关内容的梳理，对进一步探讨技术路线图理论以及应用具有一定的指导意义。

2. 本研究为河北省发展纳米晶太阳能电池产业指明了发展方向

本课题为更能清晰、准确地绘制河北省纳米晶太阳能电池技术路线图，首先对纳米晶太阳能电池的结构、工作原理、光电性能参数、研究进展等方面进行了梳理，为河北省发展纳米晶太阳能电池产业奠定了理论基础。此外，河北省在纳米晶太阳能电池基础研究以及产业研究方面较国外以及国内其他省市区存在明显的不足，致使河北省在抢占纳米晶太阳能电池市场时处于劣势地位，为摆脱这一劣势，河北省应明确纳米晶太阳能电池产业发展方向，及时把握纳米晶太阳能电池技术发展机会，以提高河北省光伏产业核心竞争力。本课题在把握纳米晶太阳能电池市场需求的前提下并结合目前纳米晶太阳能电池存在的技术壁垒制定符合河北省实际的纳米晶太阳能电池发展的技术路线图，切实为河北省发展纳米晶太阳能电池产业指明了方向。

3. 本研究不仅可加速河北省纳米晶太阳能电池产业化进程，同时对其他行业具有重要的研究意义

本课题在纳米晶太阳能电池技术路线图研究的基础上进一步探索了符合河北省实际的纳米晶太阳能电池技术产业化发展模式，一方面纳米晶太阳能电池技术产业化发展模式的提出能够加速河北省纳米晶太阳能电池技术的产业化进程，对河北省抢占未来纳米晶太阳能电池市场具有重要的影响；另一方面本课题在产业化模式的研究过程中对纳米晶太阳能电池重点应用领域进行了研究并对其发展进行了规划，不仅开拓了纳米晶太阳能电池的应用领域，同时也为其他行业指明了发展方向。

4. 本研究为河北省制定发展本省纳米晶太阳能电池产业的政策具有重要的指导意义

本课题在纳米晶太阳能电池技术路线图以及产业化模式研究的基础上，进一步提出了一系列切实可行的政策化建议如加强产业化模式、加强与国外或国内其他省市间的合作、加强技术路线图配套工作以及其他政策化建议，一方面加速了河北省纳米晶太阳能电池产业的发展，另一方面为河北省政府制定发展本省纳米晶太阳能电池产业的政策有重要的指导意义。

1.2 研究主要内容与研究框架

1.2.1 研究主要内容

本书内容主要分为五大部分：

一是问题的提出。主要为第一章，其主要给出了研究的背景、意义、主要内容与框架和创新之处，简单、清晰地概述了本书研究的主题与整体思路。

二是对技术路线图理论以及纳米晶太阳能电池基本情况进行概述。包括第二章和第三章，第二掌主要对技术路线图的内涵、划分、表现形式以及产业技术路线图的绘制进行了研究并分析了国内外产业技术路线图研究进展，为进一步应用产业技术路线图奠定了理论基础；第三章主要对纳米晶太阳能电池的结构、工作原理、光电性能参数等纳米晶太阳能电池基础方面进行了研究，并分析了国内外以及河北省纳米晶太阳能电池在核心技术、产业化等方面的研究进展，基于以上研究基础，本书进一步提出了国内外研究对河北省的启示。

三是对河北省纳米晶太阳能电池技术路线图进行研究。主要包括第四章和第五章。第四章主要是对河北省纳米晶太阳能电池产业进行 SWOT 分析，以明确河北省纳米晶太阳能电池产业的发展前景，并对河北省纳米晶太阳能电池技术路线图构成要素——市场需求、产业目标、技术壁垒、研发需求等进行研究，以确定市场需求要素、产业目标要素、技术壁垒要素、研发需求要素以及市场需求要素与产业目标要素间的关联关系、技术壁垒要素与产业目标要素间的关联关系。第五章主要是提出河北省纳米晶太阳能电池技术路线图，本书为使技术路线图既能综合反映出产业、技术规划，又能达到清晰明了的目的，特设计了两种形式的技术路线图：综合版技术路线图、图形版技术路线图。

四是对河北省纳米晶太阳能电池技术产业化模式进行研究。主要为第六章，主要分析了河北省纳米晶太阳能电池技术发展模式及研发主体、技术产业化的组织模式、技术产业化的资金筹集模式、政府的作用、纳米晶太阳能电池重要应用领域等方面，并在此基础上进一步提出了河北省纳米晶太阳能电池技术产业化模式框架。

五是提出一系列促进河北省纳米晶太阳能电池产业化的政策化建议。主要为第七章，主要提出了加强产业化模式、加强与国外或国内其他省市间的合作、加强技术路线图配套工作以及其他政策化建议等，并对每一条政策化建议深入分析，有针对的提出切实可行的政策化建议。

1.2.2 研究框架

本书研究框架如下图 1.3 所示：

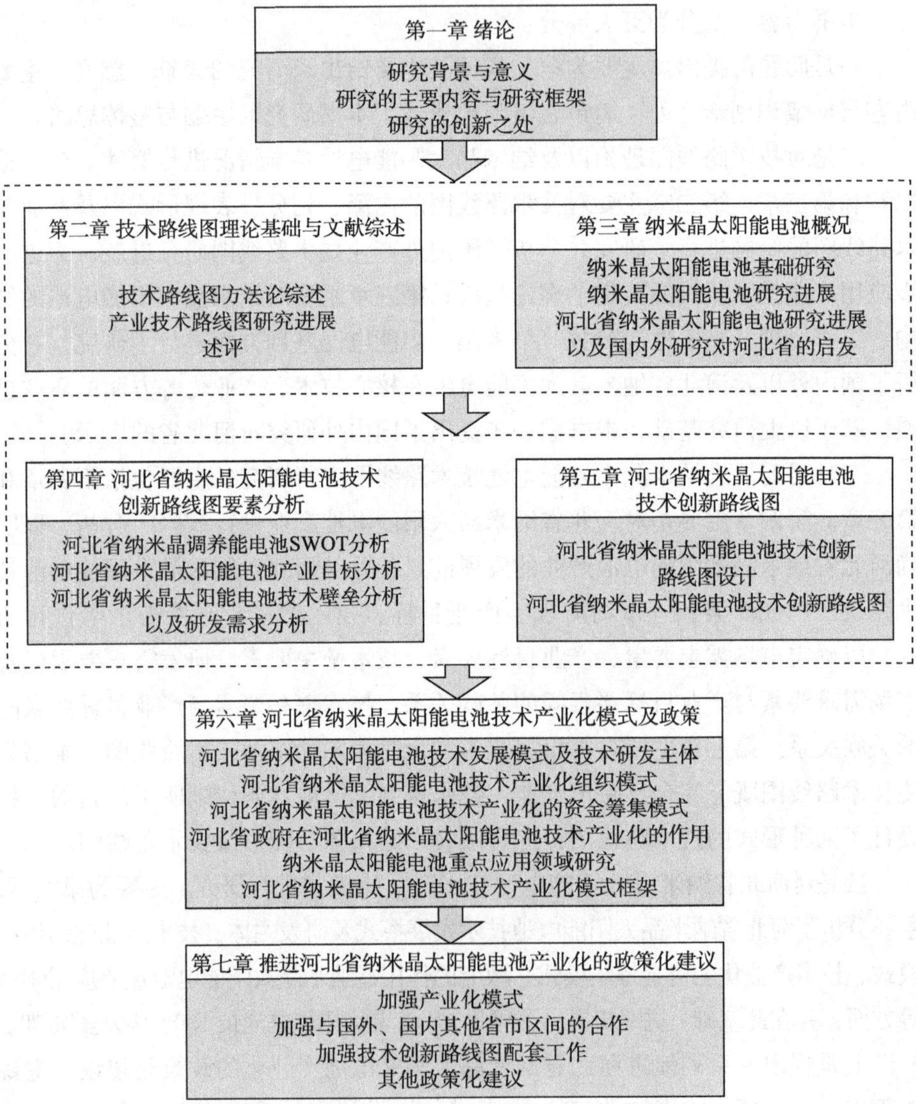

第一章 绪论
研究背景与意义
研究的主要内容与研究框架
研究的创新之处

第二章 技术路线图理论基础与文献综述
技术路线图方法论综述
产业技术路线图研究进展
述评

第三章 纳米晶太阳能电池概况
纳米晶太阳能电池基础研究
纳米晶太阳能电池研究进展
河北省纳米晶太阳能电池研究进展
以及国内外研究对河北省的启发

第四章 河北省纳米晶太阳能电池技术创新路线图要素分析
河北省纳米晶调养能电池SWOT分析
河北省纳米晶太阳能电池产业目标分析
河北省纳米晶太阳能电池技术壁垒分析
以及研发需求分析

第五章 河北省纳米晶太阳能电池技术创新路线图
河北省纳米晶太阳能电池技术创新路线图设计
河北省纳米晶太阳能电池技术创新路线图

第六章 河北省纳米晶太阳能电池技术产业化模式及政策
河北省纳米晶太阳能电池技术发展模式及技术研发主体
河北省纳米晶太阳能电池技术产业化组织模式
河北省纳米晶太阳能电池技术产业化的资金筹集模式
河北省政府在河北省纳米晶太阳能电池技术产业化的作用
纳米晶太阳能电池重点应用领域研究
河北省纳米晶太阳能电池技术产业化模式框架

第七章 推进河北省纳米晶太阳能电池产业化的政策化建议
加强产业化模式
加强与国外、国内其他省市区间的合作
加强技术创新路线图配套工作
其他政策化建议

图 1.3 研究框架

1.3 研究的创新之处

本书的创新之处主要有以下四点：

其一是对纳米晶太阳能电池进行介绍，分析了纳米晶太阳能电池工作原理，组成部分，以及发展趋势。纳米晶太阳能电池又称为染料敏化纳米晶太阳能电池，其研究开发始于20世纪90年代，是一种新型光化学太阳能电池。目前，纳米晶太阳能电池的光电转换效率已稳定在10%左右，其高光电转换效率的特性引起了各国以及各行业的广泛关注。此外，纳米晶太阳能电池的制备成本较低，使用寿命较长，对温度变化不敏感，对其光电转换效率影响较小，属清洁、安全的太阳能电池。基于上述纳米晶太阳能电池的特性，纳米晶太阳能电池将具有巨大的市场前景。

其二是将产业技术路线图——一种未来可视化工具应用于纳米晶太阳能电池产业，提出了河北省纳米晶太阳能电池技术路线图。本书在绘制河北省纳米晶太阳能电池技术路线图时设计了两种形式的技术路线图：河北省纳米晶太阳能电池综合版技术路线图、河北省纳米晶太阳能电池图形版技术路线图。综合版技术路线图可以综合反映产业规划路径，图形版技术路线图可以使各边界范围下的各技术路线图构成要素清晰明了。

其三是提出了河北省纳米晶太阳能电池技术产业化模式，目前，纳米晶太阳能电池技术并未产业化，河北省纳米晶太阳能电池技术产业化模式的提出是本课题的一个重要创新点。本书主要从河北省纳米晶太阳能电池技术发展模式及研发主体、技术产业化组织模式、资金筹集模式、政府作用、纳米晶太阳能电池重点应用领域等角度探索河北省纳米晶太阳能电池技术产业化模式，并以此为基础绘制了河北省纳米晶太阳能电池技术产业化模式框架，为河北省发展纳米晶太阳能电池技术提供了产业化方式。

其四是本课题为明确政府专项资金以及合作网络产生的知识溢出效应对河北省纳米技术发展的影响效果，特将我国区域划分为纳米技术领先地区与纳米技术落后地区，并在考虑地理接近对知识溢出影响的基础上建立动态合作网络矩阵。随着信息技术的发展，合作网络的构建成为知识溢出的主要渠道，地理距离已不再是知识溢出的限制因素；另外，由于纳米技术领先地区知识存量较丰富、科研基础较好，能够充分利用政府专项资金进行科研与开发，而落后地区知识存量较薄弱，可能不能充分利用政府专项资金，政府专项资金与通过合作网络产生的知识溢出效应对我国不同区域产生的效果不同。因此将我国区域按纳米技术水平划分为纳米技术领先地区与纳米技术落后地区，并在基础上展开了研究。

第二章　技术路线图理论基础与文献综述

2.1　技术路线图方法论综述

20 世纪 70 年代末期，摩托罗拉为降低企业生产成本，鼓励业务经理适当地关注未来技术发展趋势以及研发能够为其提供预测未来过程的工具率先绘制了技术路线图。其主要采用技术演变和定位法绘制了产品技术路线图，有效地规避了在产品生产和工艺进化过程中公司可能忽略的一些重要技术元素，达到了预期目的，使摩托罗拉在与其他同行业企业竞争时处于有利地位。1987 年，C. H Willyard & C. W McClees 通过"Motorola's technology roadmapping process"这一论文将技术路线图引入学术研究领域，此后，国内外学者、高层管理者相继对技术路线图理论及应用等方面展开了研究并取得了一定的成果。随着技术路线图理论的成熟以及科技的发展，技术路线图发展至今，已广泛应用于国家、企业、行业等层面以及能源、化工、生物等领域。

2.1.1　技术路线图的定义

目前，技术路线图已成为较成熟的管理、规划工具，广泛应用于国家层面、产业层面、企业层面，但迄今为止国内外并未对其形成统一的定义。本课题综合国内外学者关于技术路线图的文献，归纳了美国、英国、加拿大、澳大利亚以及我国较具代表性的定义。

美国 Robert Galvin（2003）认为技术路线图为某一特定研究领域提供了未来延伸的看法，其集中了集体以及驾驭该领域技术变化的个体的智慧[4]。英国 David Prober & Michael Radnor（2003）认为，技术路线图是一群利益相关者表达如何实现其目标的看法，正如地图一样，描述了地方转移的实现路径[5]。其目的是帮助群体确保凭借合适的能力在适当的时机实现预期的目标。加拿大倾向于认为，技术路线图是一种过程工具，它可以使企业、部门及行业识别导致其未来成功的关键技术，并使其获得应用和发展这些技术的项目或步骤[6]。澳大利亚倾向于认为，技术路线图是一种比较全面的工具，它可以使公司更好的了解市场需求并使其做出更好的投资决策。同时，技术路线图也是一种规划过程，由领导者帮助公司识别未来的产品、服务和技术需求，并通过技术评估及抉择满足未来需求[7]。

我国李雪凤、仝允桓及谈毅等研究学者（2005）认为，技术路线图是利用视图工具反映技术及其相关因素（科学、产品、市场）的发展，是各利益相关者对未来技术发展的一致看法[8]。长城战略研究所认为，技术路线图是指应用简洁的图形、表格、文字等形式描述技术变化的步骤或技术相关环节之间的逻辑关系。它能够帮助使用者明确该领域的发展方向和实现目标所需的关键技术，理清产品和技术之间的关系[9]。

虽然各国对技术路线图的定义不尽相同，但都强调技术路线图是对未来技术发展的看法，是一种管理工具。基于此，本书认为技术路线图是一种可视化的规划工具，其规划了技术发展的未来趋势以及实现最终目标的路径。现将所搜集到的技术路线图定义研究文献及其他资料绘制如下表 2.1 所示：

表 2.1　技术路线图定义研究

国家、研究者或研究机构	定义描述
美国 Robert Galvin（2003）	技术路线图为某一特定研究领域提供了未来延伸的看法，其集中了集体以及驾驭该领域技术变化的个体的智慧。
英国 David Prober & Michael Radnor（2003）	技术路线图是一群利益相关者如何实现其目标的看法，正如地图一样，描述了地方转移的实现路径。其目的是帮助群体确保凭借合适的能力在适当的时机实现预期的目标。
加拿大	技术路线图是一种过程工具，它可以使企业、部门及行业识别导致其未来成功的关键技术，并使其获得应用和发展这些技术的项目或步骤。
澳大利亚	澳大利亚倾向于认为，技术路线图是一种比较全面的工具，它可以使公司更好的了解市场需求并使其做出更好的投资决策。同时，技术路线图也是一种规划过程，由领导者帮助公司识别未来的产品、服务和技术需求，并通过技术评估及抉择满足未来需求。

续表

国家、研究者或研究机构	定义描述
中国李雪凤、仝允桓及谈毅（2005）	技术路线图是利用视图工具反映技术及其相关因素（科学、产品、市场）的发展，是各利益相关者对未来技术发展的一致看法。
中国长城战略研究	技术路线图是指应用简洁的图形、表格、文字等形式描述技术变化的步骤或技术相关环节之间的逻辑关系。它能够帮助使用者明确该领域的发展方向和实现目标所需的关键技术，理清产品和技术之间的关系。

2.1.2　技术路线图的划分

纵观国内外文献发现，由于国内外学者研究技术路线图的角度不同，使得技术路线图的分类也呈现出了多样化。

从国外研究分类看，早期的摩托罗拉技术路线图分为：新兴技术路线图、产品技术路线图两类[10]。美国 Sandia 实验室将技术路线图分为：新兴技术路线图、产品导向技术路线图和产品技术路线图三类[11]。Robert Phaal（2004）等人根据技术路线图的目的，将技术路线图划分为产品规划技术路线图、服务/能力规划技术路线图、战略规划技术路线图、长期规划技术路线图、知识资产规划技术路线图、方案规划技术路线图、过程规划技术路线图、综合规划技术路线图等八类[12]。

从国内研究分类来看，李雪凤、仝允桓等研究者（2005）依据对象层面，将技术路线图划分为公司层面技术路线图、产业层面技术路线图、国家层面技术路线图等三类[13]。长城战略研究所将技术路线图划分为国家技术路线图、产业技术路线图以及产品技术路线图等三类[9]。

本书综合分析技术路线图分类依据以及分类概括的全面性、简洁性，较倾向于长城战略研究所的划分，将技术路线图划分为国家技术路线图、产业技术路线图和产品技术路线图。

2.1.3　技术路线图的表现形式

Rober Phaal 等研究者（2004），对技术路线图的表现形式进行了分析、总结，认为其表现形式可分为八种类别：（a）多层次式。多层次是目前最常见的表现形式，其是由如技术、产品和市场等多个层次组成的多层次结构形式。这种形式的技术路线图可以明确地反映出层次间以及层次内的发展轨迹；(b) 栏目式。栏目式是指每一层次或每一子层次是由一系列栏目组成。这种形式的技术路线图可以简化自身结构并能统一输出，促进通信、路线集成、软件开发等对技术路线图的支持；(c) 表格式。这类技术路线图适合于性能较易量化或活动集中于特定时间段的情形；(d) 图示式。绘制这种形式的技术路线图的前提条件是产品或技术属性可以量化，其最为典型的特点是每一子层均用图示表示。这类图有时也叫经验曲线，与技术 S 曲线密切相关；(e) 图画示。一些路线图使用较多的具有创意的图画表示通信技术集成和计划。有时用这些暗喻来支持目标，如一棵树；(f) 流程图示。较为详细全面的表示形式是流程图式，能够使目标、行动以及结果紧密联系；(g) 单层式。这类技术路线图是多层技术路线图的一个子集，集中关注的是多层技术路线图的一个方面，不能全面的反映层与层之间的联系；(h) 文本式。一些技术路线图是全部或大部分是基于文字的叙述，以描述那些包含在较常见图表式技术路线图的问题。在此，本书以多层次产品技术路线图形式为例展现技术路线图的一种表现形式[12]，见下图 2.1 所示。

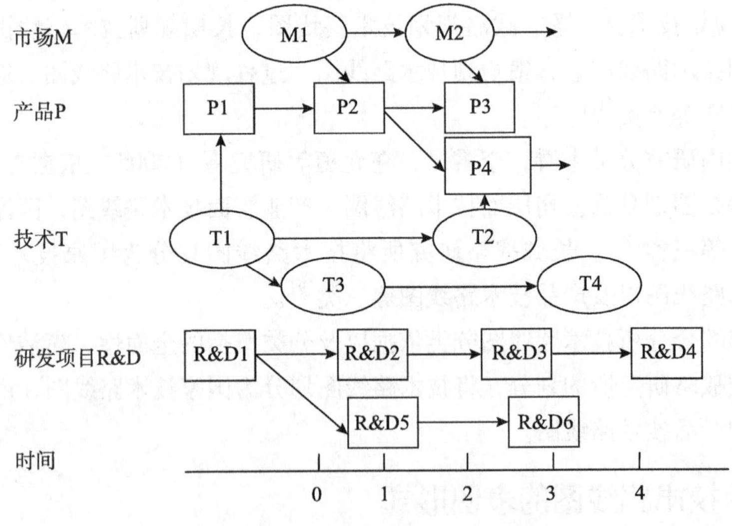

图 2.1　多层次产品技术路线图

2.1.4 产业技术路线图的绘制

产业技术路线图的绘制是指以图的形式展现出产业技术实现路径，其目的是使资源配置更加有效、决策方案更加合理。目前，我国国内大多数研究者将产业技术路线图的绘制过程分为市场需求—产业目标—技术壁垒—研发需求等四个部分。广东科技厅以广东产业发展环境特点与需求为基础，研究确定了其区域产业技术路线图的技术路径，即“市场需求分析—产业目标确定—技术壁垒分析—研发需求凝练”四阶段模块[14]。华北电力大学太阳能研究中心（2011）在制定光伏产业技术路线图时也同样将绘制过程划分为“市场需求—产业目标—技术壁垒—研发需求”等四个阶段。基于此，本课题综合考虑技术路线图的内涵、纳米晶太阳能电池产业特点以及纳米晶太阳能电池产业技术路线图需反映问题的全面性、纳米晶太阳能电池技术路线图在产业化模式研究的重要作用，认为纳米晶太阳能电池技术路线图的绘制应以“市场需求—产业目标—技术壁垒—研发需求”为路径。

2.2 产业技术路线图研究进展

2.2.1 国外产业技术路线图研究进展

继摩托罗拉将技术路线图应用于汽车行业之后，康宁公司于 80 年代初期也追逐摩托罗拉的足迹绘制了技术路线图，其提倡通过对关键事件绘图以达成企业整体战略和企业内部的事业部战略[15]。摩托罗拉和康宁两公司的成功实践，进一步推动了技术路线图在美国的发展。1992 年，美国半导体工业协会组织并撰写了《美国国家半导体技术路线图》，并于 1994 年、1997 年出版了第二版本、第三版本。1998 年，美国半导体工业协会邀请了欧洲、日本、韩国和中国台湾等国家和地区的专家参与半导体技术路线图的绘制工作，并于 1999 年形成了第一版《国际半导体技术发展路线图》[16]。此后几年，美国有关部门着手制定光伏、风电、计算机化学、氢能、陶瓷等产业技术路线图。2009 年，美国能源部发布了《海藻生物燃料技术路线图》[17]。2010 年，美国林业纸业协会下属专案—2020 技术联盟，公布了《林产业技术路线图 2010》[18]。2011 年，美国能源部和美国钢铁协会对外公布了《钢铁技术路线图研究项目（TRP）》[19]。美国技术路线图的成功实践也促使其他欧洲大国各行业、各产业纷纷制定相关技术路线图，2002 年，有研究者对英国 2000 家制造业使用技术路线图的情况进行了调查，发现已有 10% 的公司在使用技术路线图[20]。加拿大于 1995 年参与技术路线图的研究，并于 1997 ~ 2003 年间，完成了十几个产业的技术路线图制定工作。依据鹤井由佳 2003 年在 Web 网站上对产业技术路线图进行的统计分析发现，绘制产业技术路线图的国家主要为美国、加拿大、英国、日本、欧洲等国家，其中美国绘制的产业技术路线图占了 75%，加拿大绘制的产业技术路线图占了 14%。

2.2.2 国内产业技术路线图研究进展

与国外产业技术路线图的发展相比，我国在此方面的研究起步较晚，但也取得了一定的成果。2007 年，中国科学院组织中科院 300 余位专家着手绘制面向 2050 年的科技发展路线图，并于 2009 年 6 月中科院发布了《创新 2050：科技革命与中国的未来》，报告绘制了未来 50 年在能源、人口健康、空间与海洋、信息、国家与公共安全等 18 个重要领域的科技发展路线图[21]。2006 年，广东省在全国率先研究产业技术路线图的理论，并于 2007 年启动了“广东省建筑陶瓷技术路线图”、“广东省绿化无铅技术路线图”、“广东省铝工业技术路线图”、“广东省食品安全检测与评价技术路线图”、“工业产品环境适应性国家重点实验室技术路线图”等 5 个产业技术路线图。2009 年，“广东省现代农业产业技术路线图”研究课题启动，组织广东省相关专家制定了广东省现代种植业类、现代养殖业类和现代农业综合类等 3 个分类，共 30 个现代农业产业技术路线图[22]。广东省产业技术路线图的实践研究引起了我国其他省市地区的广泛关注，其他省市区亦开始着手绘制本地区的产业技术路线图。2008 年，湖北省启动了“汽车零部件、光伏产业、生物医药产业、氟化工、加工制备制造业、光通信产业、重点污染行业节能减排”等八个领域的技术路线图绘制工作。此外湖北汽车工业学院江世正等研究者于 2015 年报道了其制定的未来湖北省十年后的汽车物流产业技术路线图，为未来湖北汽车产业的发展指明方向[23]。2009 年，陕西省启动了“太阳能光伏和半导体、软件和互联网”等产业技术路线图的绘制工作。2010 年，河北省启动了“光伏产业技术路线图”、“钢铁产业节能减排技术路线图”、“河北省种植业高效用水技术路线图”、“中药产业注射剂质量控制与安全评价技术路线图”、“河北省蔬菜（果菜类）产业优质高效技术路线图”、“河北省风电装备产业技术路线图”、“水泥产业节能减排技术路线图”、“抗生素产业技术路线图”等产业技术路线图的绘制工作，并取得了一定的成果。2011 年，上海市启动了民用航空制造、海洋工程装备、生物医药、软件和信息服务、先进重大装备、新材料、新能源汽车、新能源等 9 大高新技术产业的技术路线图的绘制研究；重庆市启动了“农业产业技术路线图”的研究项目，主要包括“农业信息化、农业装备、柑橘、生猪和玉米”等 5 个领域的技术路线图绘制工作[22]。2015 年，天津市报道了其制定的低碳材料产业技术路线图，规划了天津市低碳材料的发展[24]。

2.3　述评

为更好的运用技术路线图，本书对上述文献进行简单述评，首先技术路线图作为一种有效的管理工具，已深受国内外的广泛关注，目前，虽然各国间对技术路线图的定义并未统一，但都强调技术路线图是对未来技术发展的看法，是一种管理工具，基于此，本书认为技术路线图是一种可视化的规划工具，能够规划未来技术发展的趋势，同时技术路线图也是一种集成战略工具，其立足于技术创新，构建现代技术体系，因此本书也将技术路线图称之为技术创新路线图；其次在技术创新路线图的八种表现形式中，多层次式是目前应用最为广泛的一种表现形式，是由如技术、产品和市场等多个层次组成的多层次结构形式。本书认为多层次式技术创新路线图可以明确反映出层次间以及层次内的发展轨迹，较适合本课题的研究；其三绘制产业技术创新路线图已成为目前国外以及国内省市区研究的热点，各国及我国各省市区竞相绘制产业技术创新路线图，以规划产业发展方向、路径，提高产业核心竞争力，规避产业发展风险，河北省也于 2010 年对产业技术创新路线图展开研究，并将产业技术创新路线图应用于光伏产业、钢铁产业、种植业、蔬菜产业、风电装备产业、水泥产业、抗生素产业等，但其并未将技术创新路线图应用于纳米晶太阳能电池产业，本书认为纳米晶太阳能电池技术创新路线图的研究能够明确河北省纳米晶太阳能电池技术发展方向，加速河北省纳米晶太阳能电池产业化进程，对河北省发展纳米晶太阳能电池具有重要的意义，因此河北省学者有必要对河北省纳米晶太阳能电池技术创新路线图展开研究；其四技术的发展是由市场需求主导的，技术的发展方向与目前技术存在的壁垒以及目前产业目标有直接的关系，因此本书认为河北省纳米晶太阳能电池技术创新路线图应以“市场需求——产业目标——技术壁垒——研发需求”为路径进行绘制。

第三章　纳米晶太阳能电池概况

纳米晶太阳能电池（Nanocrystalline Photovoltaic cell 简称 NPC）又称为染料敏化纳米晶太阳能电池，其研究开发始于20世纪90年代，是一种新型光化学太阳能电池。1991年，Brian O，Regan & Michael Gratzel 等采用高比表面积的纳米 TiO_2 为电极材料，以过渡金属钌（Ru）和锇（Os）等有机化合物为染料，并与适当的氧化还原电解质组装成纳米晶太阳能电池，其光电转换效率高达7.1%。1994年，Michael Gratzel 在 General Information 杂志上再次报道了其成功制备的光电转换效率达到10%的纳米晶太阳能电池。2004年，其研究制备的纳米晶太阳能电池光电转换效率已达到10%～11%。目前，纳米晶太阳能电池的光电转换效率已稳定在10%左右，其高光电转换效率的特性引起了各国以及各行业的广泛关注。此外，纳米晶太阳能电池的制备成本较低，仅为硅基太阳能电池制备成本的1/10～1/5；使用寿命较长，可达20年以上；对温度变化不敏感，经检测温度由20度逐渐升高到60度，对其光电转换效率影响较小；可摆脱其他太阳能电池单一色彩的局限，通过改变纳米晶太阳能电池的有机物染料，可制备绚丽多彩的太阳能电池；纳米晶太阳能电池的另一特性是其属清洁、安全的太阳能电池，其组成成分不含有对环境或人体有害的材料。因此，基于上述纳米晶太阳能电池的特性，纳米晶太阳能电池将具有巨大的市场前景，其未来将占据光伏行业市场。

3.1　纳米晶太阳能电池基础研究

3.1.1　纳米晶太阳能电池结构

纳米晶太阳能电池主要有导电基底、多孔纳米 TiO_2 薄膜、染料光敏化剂、电解质和透明对电极组成。如图3.1所示：

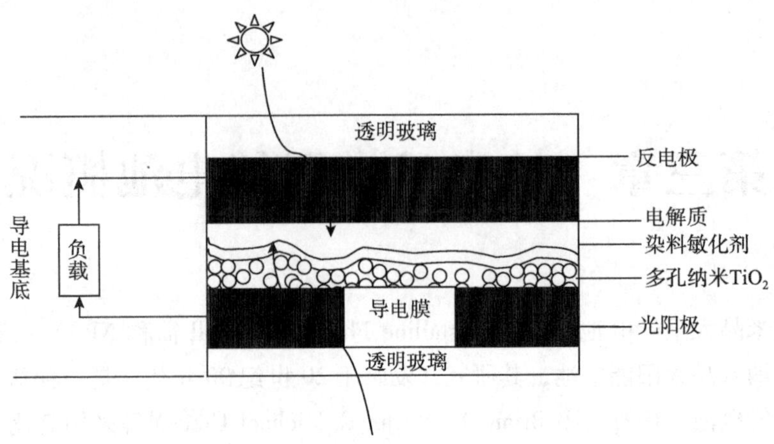

图 3.1 纳米晶太阳能电池结构

1. 导电基底材料

导电基底材料又可称为导电电极材料，分为光阳极材料和光阴极材料。主要用于收集经光照刺激产生的电子，并经外回路将电子传输到光阴极。对于高性能的纳米晶太阳能电池，导电基底材料必须具有高透光率、低面电阻、抗高温的性能。通常，为保证绝大部分光能够透过导电基底材料被染料吸收，导电基底材料的透光率应达到85%以上；为保证光电转换效率、降低电子传输阻碍，导电基底材料的面电阻应尽可能小，且在温度500℃以下，面电阻应对温度的敏感度较低，即面电阻的大小应不随温度的变化而大幅增加或降低；纳米晶太阳能电池的光电极是在450℃～500℃的高温下烧结而成的，故导电基底材料应具有高的抗高温性，以避免其在烧结时其结构、相关性能受影响。目前，根据研究发现，可作为导电基底材料的主要有透明导电玻璃、金属箔片以及聚合物。其中透明导电玻璃是目前应用最为广泛的导电基底材料，已在市场上商业化生产。透明导电玻璃是指在透明玻璃上覆盖一层导电氧化物（TCO）薄膜，以使透明玻璃具有良好的导电性能。适宜做导电氧化物的主要有氧化铟（In_2O_3）、氧化锌（ZnO）、氧化锡（SnO_2）以及掺氟锡氧化物（SnO_2：F 简称 FTO）、掺铟锡氧化物（SnO_2：In 简称 ITO）、掺锑锡氧化物（SnO_2：Sb 简称 ATO）、掺镉锡氧化物（SnO_2：Cd 简称 CTO）、掺铝氧化锌（ZnO：Al 简称 ZA0）、掺钼氧化铟（$In_2 0_3$：Mo）等。其中，由于ITO 薄膜的透光率可高达85%

以上，对紫外线的吸收率高达95%以上，面电阻低达 $10^{-4}\Omega.cm$，且同时具备导电性良好、稳定性较强，耐化学腐蚀等特性，是TCO材料首选的薄膜材料。

2. 纳米晶多孔半导体薄膜

纳米电极是纳米晶太阳能电池的核心，其性能的好坏直接决定着太阳能电池的光电转换效率。除氧化钛（TiO_2）外，能作为光电极的材料还有硅（Si）、氧化锌（ZnO）、氧化铁（Fe_2O_3）、硫化镉（CdS）、磷化铟（LnP）、氧化铌（Nb_2O_3）等材料，其中硅、硫化镉以及磷化铟等材料制成的光电极在溶液中经光照后易光腐蚀分解，因此，在纳米晶太阳能电池中应用较少，应用较多的是 TiO_2 材料。TiO_2 是一种宽禁带的半导体材料，稳定性较好。薄膜电极的作用在于吸附染料敏化剂，接受并传递电子，因此应将薄膜电极制备成纳米晶多孔结构。TiO_2 纳米晶多孔薄膜表面是由10～30nm甚至更小的 TiO_2 颗粒组成的，大大增加了比表面积，进而能够吸附更多的染料敏化剂，提高了光吸收效率，此外，在 TiO_2 纳米晶多孔薄膜表面还有250～300nm的大颗粒 TiO_2，能够使光子在其表面迅速散射，并增加了膜间隙，使薄膜电极与电解质充分接触，提高了电子接受与传输速度。

3. 染料敏化剂

染料敏化剂，简称染料，其吸附于 TiO_2 纳米晶薄膜表面，其主要作用是吸收光能并将电子注入到 TiO_2 导带内，其性能直接影响纳米晶太阳能电池的光电转换效率。染料敏化剂能够大大地增加光吸收范围，TiO_2（以锐钛矿为例）禁带宽度为3.2ev，只能吸收波长在380nm以下的紫外线，而紫外线区的太阳辐射能量只占太阳辐射总能量的7%，若在 TiO_2 表面镀上一层染料敏化剂，能够使吸收光波扩展到可见光区，可见光区太阳辐射能量占太阳总能量的50%，大大提高了光吸收效率。为保证纳米晶太阳能电池的光电转换效率，染料敏化剂应具备以下5点特性[25]：1、染料吸收光能的范围应与太阳光谱相匹配，以保证绝大部分太阳光被其吸收；2、染料敏化剂应具有较高的稳定性，可重复循环 10^8 次以上氧化还原反应；3、染料敏化剂应耐腐蚀、不易分解，以保证纳米晶太阳能电池在其他条件良好的情况下能够使用20年以上；4、染料敏化剂分子激发态的能量应高于 TiO_2 半导体的能量，能量差最好大于200mV，以使电子能够快速注入 TiO_2 导带内；5、染料敏化剂应牢固的吸附于 TiO_2 纳米晶薄膜表面，以确保激发态染料的电子能够注入到 TiO_2 导带内，染料敏化剂之所以能够吸附于半导体薄膜表面，主要是通过羧基（$-COOH$）、羟基（$-OH$）、硫酸基（$-SO_3H$）、磷酸基（$-PO_3H_2$）等基团的吸附作用，其中 $-COOH$ 及 $-PO_3H_2$ 的吸附性较强。目前，依据染料敏化剂的化学结构及化学成分，可分为两类：金属染料敏化剂与非金属有机染料敏化剂。其中，金属染料敏化剂是目前在纳米晶太阳能电池行业中应用最为广泛的一类染料敏化剂，具有化学性能稳定、光电转换效率高等特性，但适宜作为金属染料敏化剂的金属的价格均较高，且制备工艺较为复杂。因此，研究非金属有机染料敏化剂能够促进纳米晶太阳能电池的发展，成为未来染料敏化剂研究的一个重要方向。非金属有机染料是指组成结构中不含有金属元素，利用合成或是天然的有机物制备的染料，具有吸收系数高、吸收可见光能力强、易于调整吸收光谱等特性，但纯天然非金属有机染料敏化剂的稳定性较差，氧化还原循环 10^4 以上其性能就会降低，此外吸收光谱范围较窄，致使纳米晶太阳能电池的光电转换效率较低。

4. 电解质

电解质是纳米晶太阳能电池的重要组成部分，是影响其光电转换效率以及稳定性的一个重要因素。电解质的作用主要是还原处于氧化态的染料，并作为对电极的电子接受体，形成电子循环闭合回路。根据电解质的存在状态，可分为液态电解质、离子液态电解质、准固态电解质、固态电解质。其中，液态电解质是目前纳米晶太阳能电池中应用较为普遍的电解质。液态电解质又称为电解液，是由有机溶剂、氧化还原电对和添加剂组成的。离子液态电解质是由离子组成的，在低温下（低于100℃）呈液态的盐，一般是由有机阳离子和无机阴离子组成。准固态电解质是在液态电解质或离子液态电解质中加入有机小分子胶凝剂或有机高分子化合物，使液态电解质或离子液态电解质固化，得到准固态的电解质。固态电解质是由具有导电的有机物或化合物构成的固态状态的电解质。目前，在纳米晶太阳能电池中应用较多的是电解液，电解液应满足以下特性：1、不易与电极发生反应；2、不易导致染料的脱落与分解；3、不易凝固；4、纳米晶太阳能电池应适应室外环境，因此，电解液的适应温度范围应较宽；5、电解液的浓度与其导电率、无机盐的溶解等均有直接的关系，其浓度越低，导电率就会越高，无机盐越易于溶解，因此，电解液的浓度应较低。目前，液态电解质还存在很多问题，如不易封装，易出现泄露现象，影响纳米晶太阳能电池的长期稳定以及相关性能；此外，还存在溶剂极易挥发，影响电子的传输以及纳米晶太阳能电池的使用寿命；在高强度光照下纳米晶太阳能电池的光电流不稳定等问题，因此，近几年，纳米晶太阳能电池的科研人员除研究液态电解质的同时，也对准固态、固态电解质展开了研究，并取得了一定的成果。

5. 对电极

对电极又称之为反电极或光阴极，是在导电基底材料上镀一层厚度大约200nm 的铂（Pt）或碳（C）等材料制备成的，主要作用是收集从光阳极传输的电子，并将电子传输到电解质，以便还原电解质中的离子，以保持电解质的氧化还原反应持续不断的进行。镀层材料（铂、碳等）作为催化剂，能够加速氧化还原电对与阴极之间的电子交换速度，进而影响纳米晶太阳能电池的性能，因此，在制备对电极时，应选择合适的镀层材料。

3.1.2　纳米晶太阳能电池的工作原理

基于液态电解质的纳米晶太阳能电池与基于准固态、固态电解质的纳米晶太阳能电池工作原理相似，为简化本课题研究，在此仅以液态电解质基纳米晶太阳能电池为例，简单地介绍纳米晶太阳能电池的工作原理，为便于解释说明，本书以目前应用最为广泛的含有 I^-/I_3^- 氧化还原电对的电解液的纳米晶太阳能电池为例。纳米晶太阳能电池的工作原理如下图 3.2 所示。

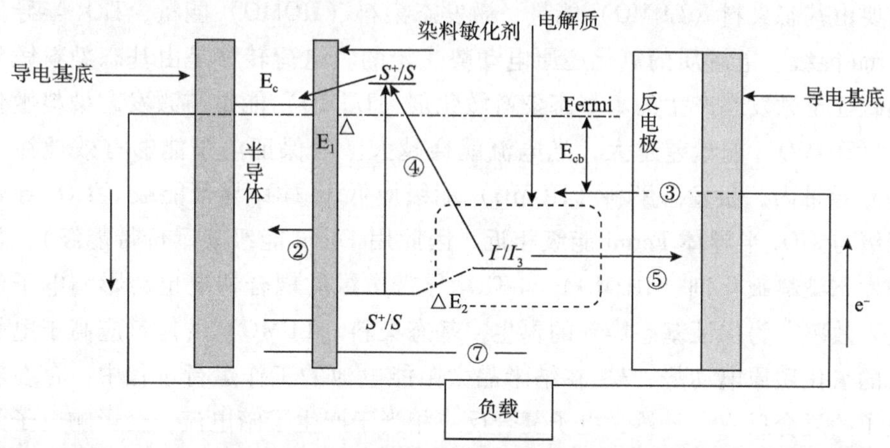

图 3.2　纳米晶太阳能电池的工作原理图

纳米晶太阳能电池的具体工作原理如下：经太阳光照后，染料敏化剂吸收光子，由基态转变为激发态；激发态染料将其电子注入 TiO_2 导带内，使得染料被氧化；进入 TiO_2 导带内的电子经扩散到达光阳极，并经外回路传输至光阴极；同时，激发态的染料敏化剂与电解液中的 I^- 发生反应，从而使激发态的染料敏化剂被还原；I_3^- 扩散至光阴极并被氧化成 I^-。由此，纳米晶太阳能电池的一次光电转换过程完成。在光电转换的过程中，同时也发生了电子的复合反应，氧化态染料敏化剂与 TiO_2 导带内电子复合，恢复为基态；I_3^- 与 TiO_2 导带内电子复合，氧化为 I^-。具体电化学反应如下所示：

（1）$S + hv \longrightarrow S^*$（染料敏化剂吸收光子后，激发为激发态）

（2）$S^* + TiO_2 \longrightarrow e^-$（$TiO_2$ 导带）$+ S^+$（光电流产生）

（3）$2S^+ + 3I^- \longrightarrow 2S + I_3^-$（激发态的染料敏化剂被还原）

（4）$I_3^- + 2e^-$（阴极）$\longrightarrow 3I^-$（I^- 离子再生）

（5）$S^+ + e^-$（TiO_2 导带）$\longrightarrow S$（氧化态染料敏化剂与 TiO_2 导带内电子发生复合）

（6）$I_3^- + e^-$（TiO_2 导带）$\longrightarrow 3I^-$（I_3^- 离子与 TiO_2 导带内电子发生复合）

由纳米晶太阳能电池的工作原理以及原理示意图可知：1、纳米晶太阳能电池的工作机理与传统的 pn 结电池工作机理不同，其电子的传输与光子的吸收是分离的，这样能够有效地分离电荷；2、纳米晶太阳能电池的性能主要由基态染料（LUMO）能量、激发态染料（HOMO）能量、TiO_2 半导体 Fermi 能级、电解质的氧化还原电动势决定的。电荷转移是由基态染料敏化剂跃迁至激发态产生的。基态染料敏化剂（LUMO）能量与激发态染料敏化剂（HOMO）能量差越大，光电流就会越大。为保证电子能够有效地注入 TiO_2 导带内，激发态染料（HOMO）能级应低于 TiO_2 导带能级（TiO_2 导带能级与 TiO_2 半导体 Fermi 能级相近，因此用 Fermi 能级表示价带能级），且激发态染料敏化剂（HOMO）与 TiO_2 导带边缘的耦合情况也会影响电子的注入效率。为保证基态染料的再生，基态染料（LUMO）的能量应高于电解质的氧化还原电动势；3、在纳米晶太阳能电池的工作运行过程中，存在着电子的复合反应，显然，电子复合反应相当于产生了暗电流，会影响电子的传输，增加电流的损耗，因此应采取有效地方法或措施抑制电子复合反应或降低电子复合速率。

3.1.3　纳米晶太阳能电池的光电性能参数

纳米晶太阳能电池光电性能参数是衡量、评估纳米晶太阳能电池光电性能的重要指标，其中主要参数有开路电压（V_{OC}）、短路电流（J_{SC}）、填充因子（FF）、单色光光电转换效率（IPCE）、光电转换效率（η）等[26]。

1. 开路电压

开路电压（open - circuit voltage，简写为 V_{OC}），指输出功率端开路状态时的电压，即电流为 0 时的电压，其是由电荷、电解质氧化还原电动势及光阳极半导体的 Fermi 能级共同决定的。在其他条件一定的情况下，开路电压越大，电池光电转化效率就越高。其计算公式如下：

$$V_{OC} = \frac{1}{q}\left(ER/R^{-} E_{Fermi}\right) \tag{3.1}$$

2. 短路电流

短路电流（short - circuit current，简写为 J_{SC}），是指输出功率不连接负载，处于短路状态的电流，及电阻为 0 时的电流。短路电流一般与激发态染料敏化剂数目、注入光阳极半导体导带的电子数目、电子复合（暗电流）等有关。在其他条件一定的情况下，短路电流越大，电池光电转换效率就越高。

3. 填充因子

填充因子（filling factor，简写为 FF），是反映电池工作状态的重要参数，是表征电池性能好坏的重要指标。填充因子是实际电池工作时最大功率（P_{max}）与理想目标的输出功率（P_{goa}）的比值，其中，P_{max}是最佳工作点时的电流（I_{OP}）与电压（V_{OP}）的乘积；P_{goa}是开路电压（V_{OC}）与短路电流（I_{SC}）的乘积。其值越大，表明 I—V 曲线的方形程度越大，进而说明最大功率越接近于理想状态下的输出功率，光电转换效率越高。其公式如下所示：

$$FF = \frac{p_{max}}{p_{goa}} = \frac{I_{OP} \times V_{OP}}{I_{SC} \times V_{OC}} \tag{3.2}$$

4. 单色光光电转换效率

单色光光电转换效率（incident photon - electron conversion efficiency，简写

为 IPCE），是指在单色光照射下，单位时间内外电路产生的电子数 n_e 与单位时间内吸收的光子数 n_p 之比，是衡量纳米晶太阳能电池性能的重要参数。根据纳米晶太阳能电池的光电转换机理，IPCE 是由光吸收效率（light harvesting efficiency）LHE（λ）、电子注入效率（electron injecting efficiency）φ_{inj}、电子收集效率（electron collecting efficiency）φ_{col} 决定的。因此，IPCE 的理论计算公式如下所示：

$$IPCE = \frac{n_e}{n_p} = LHE(\lambda) \times \varphi_{inj} \times \varphi_{col} \tag{3.3}$$

其中，$\varphi_{inj} \times \varphi_{col}$ 表示量子效率，是指被吸收光的光电转换效率，量子效率并不能代表 IPCE，因为电池对光的吸收程度 LHE（λ）对 IPCE 有一定的影响，因此综合考虑这三个因素才能有效地衡量 IPCE。

在实际测量时，通常利用单色光照产生的光短路电流（I_{SC}）与对应的波长（λ）、入射光强度（θ_{in}）之间的关系计算 IPCE。其计算公式如下所示：

$$IPCE = \frac{1240\ (eV \cdot nm) \times I_{sc}\ (uA \cdot cm^{-2})}{\lambda\ (nm) \times \theta_{in}\ (uW \cdot cm^{-2})} \tag{3.4}$$

5. 光电转换效率

IPCE 仅仅反映的是在单色光照射下太阳能电池的光电转换效率，比较适宜检测实验室内太阳能电池的光电转换效率，但不能充分反映太阳能电池在太阳光（白光）照射下的光电转换效率。光电转换效率（photoelectric conversion efficiency，通常用 η 表示），是反映太阳能电池在太阳光照射下的光电转换效率的重要指标，是最大输出功率（P_{max}）与入射光功率（P_{in}）的比值。其计算公式如下所示：

$$\eta = \frac{p_{max}}{p_{in}} = \frac{I_{SC} \times V_{OC} \times FF}{P_{in}} \tag{3.5}$$

另外，为更能较为明确的反映有关参数的内涵，本课题进一步绘制了 I—V 曲线，I—V 曲线是由输出电流与对应的输出电压之间的关系绘制的，在一定程度上反映了纳米晶太阳能电池的光电性能。如下图 3.3 所示：

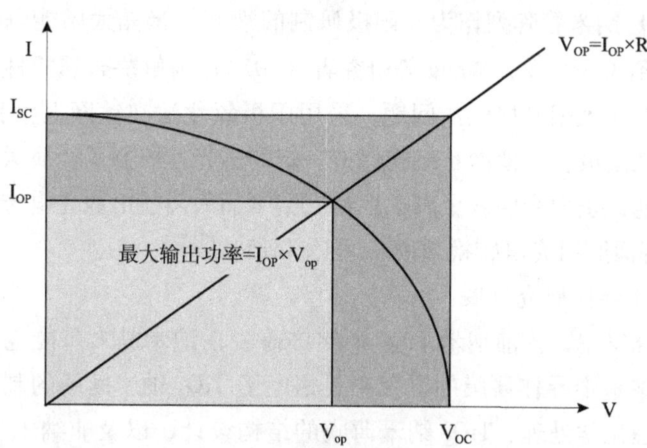

图 3.3　纳米晶太阳能电池在光照下的 I—V 曲线

3.2　纳米晶太阳能电池研究进展

3.2.1　纳米晶太阳能电池核心技术研究进展

纳米晶太阳能电池核心技术发展水平是推动纳米晶太阳能电池发展以及产业化进程的助力，是决定纳米晶太阳能电池产业化进程的关键。

3.2.1.1　国外纳米晶太阳能电池核心技术研究进展

1. 导电衬底研究进展

依据研究发现，目前可作为导电基底材料的主要有透明导电玻璃、金属箔片以及聚合物。其中透明导电玻璃是最常用的导电基底材料，以 FTO 导带玻璃作为导电衬底的纳米晶太阳能电池的光电转换效率 η 已经达到了 13%[27]，由于导电玻璃成本较高，且非柔性，人们进一步对柔性导电衬底材料展开了研究。

Miyasaka、Ikegami 等研究者（2007）采用低温烧结法研制了以聚合物作为柔性导电衬底的纳米晶太阳能电池，且其光电转换效率 η 达到了 6% 以上[28]。Rothenberger 等研究者（2006）以铂金片金属作为柔性导电衬底光阳极、以载铂 ITO－PEN 为光阴极研制的纳米晶太阳能电池光电转换效率 η 达到了 7.2%[29]。Kuang Brillet 等研究者（2008）直接以在钛箔片上采用阳极氧化

法生长的 TiO_2 纳米管阵列作为光阳极研制的液态纳米晶太阳能电池的光电转换效率 η 达到 3.6%[30]。Wang 等研究者（2012）为解决金属柔性衬底纳米晶太阳能电池存在太阳光损失的问题，采用阳极氧化法在钛网上生长 TiO_2 纳米管阵列作为光阳极，并使网状结构保持一定的透光性研制了金属柔性衬底纳米晶太阳能电池，正面光照该金属柔性衬底纳米晶太阳能电池光电转换效率可达到 5.3%，背面照射光电转换效率 η 可达 3.15%[31]。

2. 纳米半导体研究进展

依据研究发现，目前纳米 TiO_2 半导体薄膜在纳米晶太阳能电池中应用最为广泛，对纳米半导体薄膜的研究主要集中于 TiO_2 纳米薄膜的制备、TiO_2 纳米薄膜的物理化学处理、TiO_2 纳米薄膜的结构设计、以及非纳米 TiO_2 材料的研究等方面。

在 TiO_2 纳米薄膜的制备方法方面。TiO_2 纳米薄膜的制备方法比较多，Apatiga 等研究者（2010）利用化学气相沉积法成功制备了 TiO_2 纳米薄膜，其原理是利用气态的前驱体，经过一系列原子、化学等反应，从而制备 TiO_2 纳米薄膜[32]。Pamu 等研究者（2007），采用磁控溅射法成功制备了 TiO_2 纳米薄膜，其原理是，在真空状态下电离惰性气体从而形成离子体，并在钛靶材和基片间形成电场，致使等离子体高速且定向向钛靶材移动，从而以高能量轰击钛靶材，进而使钛原子逸出并与氧气发生化学反应，从而在衬底上沉积成膜[33]。Wetchakun 等研究者（2008）采用溶胶—凝胶法成功制备了 TiO_2 纳米薄膜，具体过程为：以钛酸四丁酯为前驱体经水解及聚合反应，并经一定的速度提拉以便成膜，再经过高温烧结等热处理、蒸发去除溶剂等过程制备成 TiO_2 纳米薄膜电极[34]。

TiO_2 纳米薄膜的物理化学处理方面。对 TiO_2 纳米薄膜进行物理、化学处理能够进一步改善纳米晶太阳能电池的光电性能。Seigo 等研究者（2005）利用 $TiCl_4$ 溶液对 TiO_2 纳米薄膜进行了处理，实验结果显示该处理方法提高了电子的注入效率，降低了 TiO_2 的导电带边，从而提高了纳米晶太阳能电池的开路电压 V_{OC} 以及短路电流 J_{SC}[35]。Murayama 等研究者（2006）发现 TiO_2 纳米薄膜经乙酸（CH_3COOH）处理后，纳米晶太阳能电池串联电阻减小，进而使短路电流 J_{SC} 增加[36]。Park 等研究者（2009）经试验发现，经硝酸（HNO_3）处理的 TiO_2 纳米薄膜，能够增强对染料敏化剂的吸附作用，并能提高电子的传递效率，进而使纳米晶太阳能电池的光电转换效率 η 增加[37]。Weerasinghe 等研究者（2010）对 TiO_2 纳米薄膜进行 HCl 酸溶液处理，其认为该处理方法不仅能加强 TiO_2 纳米粒子的电接触，而且能够修饰 TiO_2 纳米的表面[38]。表面化学处理不仅能提高纳米晶太阳能电池光电性能，物理包裹处理也能提高其光电性能。Beomjin Yoo 等研究者（2008）研究制备了 ITO/ATO/ TiO_2 3 层核—壳薄膜结构，试验发现该结构作为纳米晶太阳能电池的阳极材料，能够使电子复合率降低，开路电压 V_{OC} 增加、光电转换效率 η 提高[39]。Chuen—Shii Chou 等研究者（2009）研制了 TiO_2/ Au 以及 TiO_2/ Ag 2 层核—壳薄膜结构，并作为光阳极材料研究制备了纳米晶太阳能电池，经检测发现，其光电转换效率 η 有所提高[40]。

在纳米 TiO_2 的掺杂方面。通过对 TiO_2 进行非金属或金属的掺杂，能够调整 TiO_2 晶格结构，抑制电子复合，提高纳米晶太阳能电池光电性能。Ma 等研究者（2005）在 TiO_2 中掺杂非金属 N 并将掺杂了 N 的 TiO_2 应用于纳米晶太阳能电池，经检测发现，该电池的光电转换效率 η 达到了 8%，对比不掺杂的纳米晶太阳能电池，光电转换效率明显提高[41]。这一发现引起了人们对 TiO_2 掺杂方面的关注。Soon Hyun Kang 等研究者（2010）发现基于 $TiO_{2-X}N_x$ 光阳极的纳米晶太阳能电池的短路电流 J_{SC} 明显提高，由原来的 7.4$mAcm^{-2}$ 提高到 10.52 $mAcm^{-2}$[42]。Sivaranjani 等研究者（2011）合成了 $TiO_{2-X}N_x$ 准 3 维结构，该结构存在很多大孔，提高了粒子间的电接触，与基于 P25 薄膜的纳米晶太阳能电池相比，该电池的光电转换效率 η 提高了 47%[43]。Shankar 等研究者（2009）将金属 Ta 掺入 TiO_2 中，并将其应用于纳米晶太阳能电池，经检测发现，该电池开路电压 V_{OC} 达到了 0.87V[44]。Su Kyung park 等研究者（2011）制备了掺杂金属 Mg 的 TiO_2 光阳极，经检测发现，制备的纳米晶太阳能电池的光电性能有所提高[45]。

在 TiO_2 纳米形貌研究方面。TiO_2 纳米形貌是影响纳米晶太阳能电池光电性能的一个重要影响因素，国外学者将其作为研究纳米晶太阳能电池的重要内容。Soon Hyung Kang 等研究者（2008）利用定向负载方法合成了 TiO_2 纳米棒，并成功制备了厚度约为 7.1um 的 TiO_2 纳米棒薄膜，并将其作为光阳极材料应用于纳米晶太阳能电池，经检测发现，其开路电压 V_{OC} 达到 0.68V，短路电流 J_{SC} 达到 15.3$mAcm^{-2}$，填充因子 FF 为 60%，光电转换效率 η 达到

6.2%[46]。Lee 等研究者（2009）利用溶胶—凝胶法并结合静电纺丝法合成了 TiO_2 纳米棒，并成功制备了厚度约为 14um 的 TiO_2 纳米棒薄膜电极，并应用于纳米晶太阳能电池，经检测，其开路电压 V_{OC} 达到 761mV，短路电流 J_{SC} 达到 17.6mAcm^{-2}，填充因子 FF 为 70%，光电转换效率 η 达到 9.52%[47]。Motonari等研究者（2004）通过利用表面活性分子定向机理合成了锐钛矿单晶 TiO_2 纳米线，并将其作为光阳极材料应用于纳米晶太阳能电池，经检测发现，该电池吸附钌染料的效率较 P25 高出四倍以上，光电转换效率 η 达到 9.3%[48]。Allam 等研究者（2008）[49]、Shankar 等研究者（2008）[49] 发现，将合成的 TiO_2 纳米管应用于纳米晶太阳能电池，可提高电子传输效率。Lanberti 等研究者（2013）成功制备了 TiO_2 纳米颗粒/纳米管复合光阳极，经试验检测发现，添加 TiO_2 纳米管可以提高电子寿命和提高光捕获率，此外，以此为光阳极制备的纳米晶太阳能电池的光电转换效率较 P25 高 10%[51]。Chuangchote 等研究者（2008）成功制备了 TiO_2 纳米粒子/纳米纤维，并作为光阳极应用于纳米晶太阳能电池，经检测发现，对比 P25，光电转换效率 η 由 7.47% 增加至 8.14%，光电转换效率 η 提高了 8.97%[52]。

非 TiO_2 材料以及非 TiO_2 材料结构研究方面。目前，部分学者开始研究非 TiO_2 材料以及非 TiO_2 材料结构在纳米晶太阳能电池中的应用及应用效果。Tetreault等研究者（2011）研究制备了 3 维 SnO_2 结构，并作为光阳极应用于纳米晶太阳能电池，其光电转换效率 η 达到 5.8%[53]。Fujihara 等研究者（2008）成功制备了 ZnO 光阳极，并应用于纳米晶太阳能电池，其转换效率 η 达到了 6.58%[54]。Matt Law 等研究者（2006）在 ZnO 纳米线的表面利用原子层沉积技术沉积非晶态 Al_2O_3 或 TiO_2，制备了 ZnO/ Al_2O_3 或 ZnO/ TiO_2 核—壳结构，并以此为阳极制备纳米晶太阳能电池，经检测发现，当 Al_2O_3 为任何厚度且 TiO_2 壳层厚度约为 10～25nm，能够使开路电压 V_{OC} 以及填充因子 FF 提高，但短路电流 J_{SC} 却有所下降，但最终可导致纳米晶太阳能电池的光电转换效率 η 大幅增加[55]。Seung 等研究者（2011）合成了多层级、高密度的树状 ZnO 纳米线光阳极，并应用于纳米晶太阳能电池，经检测发现，该电池的光电转换效率 η 较直立 ZnO 线构建的纳米晶太阳能电池 η 高 5 倍左右[56]。Ghosh 等研究者（2011）利用脉冲激光沉积法制备了纳米森林结构的 Nb_2O_5 光阳极，并将其应用于以 N_3 为染料、以 I^-/ I_3^- 为电解液的纳米晶太阳能电池，经检测，开路电压 V_{OC} 为0.71V，光电转换效率 η 为2.41%[57]。Nripan Mathews 等研究者（2011）利用水热合成法成功合成了类似于仙人掌结构的纳米 Zn_2SnO_4，以此为纳米晶太阳能电池光阳极，经检测，光电转换效率 η 达到2.21%，比单纯利用 SnO_2 作为光阳极制备的纳米晶太阳能电池效率高出两倍，然后，他们进一步对 Zn_2SnO_4 进行 $TiCl_4$ 处理，制备的纳米晶太阳能电池光电转换效率 η 达到6.62%[58]。

3. 染料敏化剂

染料敏化剂的主要作用是吸收光能并将电子注入到 TiO_2 导带内，其性能直接影响纳米晶太阳能电池的光电转换效率。染料敏化剂主要分为两类：金属类染料敏化剂、有机染料敏化剂。

在金属类染料敏化剂研究方面。金属类染料敏化剂是指在化学结构中含有金属元素的染料敏化剂，具有化学性能较稳定、光电转换效率较高等特性，是目前应用最为广泛的一类染料。继 Grtzel 团队利用 N_3 染料组装纳米晶太阳能电池并使其光电转换效率 η 突破10%之后，该研究团队以及其他研究人员也对其他染料展开了研究与开发。2001 年，Grtzel 团队合成了 Ru（tctpy）$(NCS)_3^-$（Black dye 染料），即 N749 染料，该染料敏化剂与 N_3 染料敏化剂相比，具有较宽的光谱响应范围，在 AM1.5 模拟太阳光的照射下，开路电压 V_{OC} 达到 721mV，短路电流 J_{SC} 达到 20.53 $mAcm^{-2}$，光电转换效率 η 达到10.4%[59]。由于 N_3 染料以及 N749 染料存在易脱落的问题，该研究小组（2003）又进一步合成了两亲型 Z907 染料[60]。为进一步提高染料的高摩尔消光系数，进而提高其热稳定性，Grtzel 团队又相继合成了 Z910（2004）[61]、K8（2005）[62]、K19（2005）[63]、K77（2005）[64]、K73（2006）[65]等染料敏化剂。除对诸如上述金属配位体类染料进行研究外，部分学者也对其他金属类染料进行了研究，并取得了一定的成果。Wang 等研究者（2005）合成了 Zn－3 金属卟啉染料并应用于纳米晶太阳能电池，在 AM1.5 模拟太阳光的照射下，其光电转换效率 η 达到5.6%[66]。Chou－Pou Hsieh 等研究者（2010）合成了 DY2、DY6 锌卟啉类染料敏化剂并应用于纳米晶太阳能电池，其光电转换效率 η 分别达到6.56%、5.13%[67]。Reddy 等研究者（2007）合成了由三个叔丁基和两个羧酸团组成的 PCH001 酞菁染料敏化剂并应用于纳米晶太阳能电池，经检测发现，基于该染料的离子液态纳米晶太阳能电池的单色光转化效率

IPCE 可达到 75%，光电转换效率 η 可达到 3.05%，基于该染料的固态纳米晶太阳能电池的 IPCE 可达到 43%[68]。Pozzi 等研究者（2011）合成了 ZnPcs 酞菁染料敏化剂，经检测，IPCE 可高达 70%[69]。Akihiro 等研究者（2009）合成了由 $CH_3NH_3PbI_3$ 钙钛型化合物和 CH_3PbBr_3 钙钛型化合物组成的染料，并应用于纳米晶太阳能电池，经检测，开路电压 V_{OC} 达到 0.96V，光电转换效率 η 达到 3.8%[70]。Jeong - Hyeok Im 等研究者（2011）利用 2 ~ 3nm 的 $CH_3NH_3PbI_3$ 对纳米晶太阳能电池敏化，并采用 3.6um 的 TiO_2 纳米薄膜以及 I^-/I_3^- 电解液，在 AM1.5 模拟太阳光的照射下，光电转换效率 η 达到 6.54%[71]。Michael 等研究者（2012）以 $CH_3NH_3PbI_2Cl$ 钙钛型化合物为染料制备固态纳米晶太阳能电池，在完整的日光模拟照射下，光电转换效率达到了 10.9%[72]。

有机染料敏化剂是指在组成结构中不含有金属元素的一类染料，具有吸收系数高、吸收可见光能力强、易于调整吸收光谱、成本较低等特性。依据调查研究发现，目前研究较多的有机染料敏化剂主要包括香豆素类、吲哚类、三苯胺类、天然类等有机染料。Arakawa 研究团队（2002）合成了 NKX－2311 香豆型有机染料，并应用于纳米晶太阳能电池，经检测，光电转换效率 η 达到 6%[73]。2003 年，该研究团队在原来香豆型有机染料的基础上引入噻吩环，合成了 NKX－2593 和 NKX－2677，其中基于 NKX－2677 香豆型染料的纳米晶太阳能电池的光电转换效率 η 可达到 7.7%[74]。Wang 研究团队（2007）在 NKX－2677的结构上引入—CN 基团，合成了 NKX－2883 香豆型有机染料，基于该有机染料的纳米晶太阳能电池的光电转换效率 η 低于基于 NKX－2677 染料的纳米晶太阳能电池的光电转换效率，仅为 6%，但其稳定性较好，即使是经过 1000h 的正常工作后，光电转换效率 η 仍能稳定在 6% 左右[75]。Horiuchi 研究团队（2003）首次报道了以吲哚啉作为电子受体，以 $C_5H_4NO_3S_2$ 作为电子给体，合成了 indoline dye 1 吲哚类有机染料并应用于纳米晶太阳能电池，经试验检测，其光电转换效率 η 显著低于基于 N_3 染料的纳米晶太阳能电池光电转换效率，仅为 6.1%，但 indoline dye 1 染料的制备成本较 N_3 染料低且稳定性较 N_3 染料好[76]。2004 年，该研究团队再次报告了其将电子受体 $C_5H_4NO_3S_2$ 进行了改良，合成了 D149 吲哚类有机染料并应用于纳米晶太阳能电池，在 AM1.5 模拟太阳光的照射下，开路电压 V_{OC} 达到 0.69V，短路电流 J_{SC} 达到

18.5 $mAcm^{-2}$，填充因子 FF 达到 62%，光电转换效率 η 高达 8%[77]。2008 年，Hagberg 等研究者报道了其在原来研究的基础上进一步合成了 D7、D9、D11 等三苯胺类有机染料，其中基于 D11 三苯胺类有机染料的纳米晶太阳能电池的开路电压 V_{OC} 达到 0.74V，短路电流 J_{SC} 达到 13.5$mAcm^{-2}$，填充因子 FF 达到 70%，光电转换效率 η 达到 7.03%[78]。2008 年，Hwang 等研究者报道了基于 TA－St－CA 三苯胺类有机染料的纳米晶太阳能电池的开路电压 V_{OC} 达到 0.74V，短路电流 J_{SC} 达到 18.1 $mAcm^{-2}$，填充因子 FF 达到 67.5%，光电转换效率 η 达到 9.1%[79]。天然染料的效率较低，即基于天然染料的纳米晶太阳能电池的转换效率较基于上述其他几类有机染料的纳米晶太阳能电池的光电转换效率低。但通过研究者对天然染料的不断研究开发，最近也取得了一定的成果。Takashi Maoka 等研究者（2008）以从裙带菜中提取的 Cl 叶绿素作为纳米晶太阳能电池的染料，经试验测试，组装成的纳米晶太阳能电池的光电转换效率 η 达到 4.6%，这是目前为止效率最高的天然染料敏化剂[80]。

4. 电解质

电解质是纳米晶太阳能电池的重要组成部分，是影响纳米晶太阳能电池光电转换效率以及稳定性的一个重要因素。依据调查研究发现，目前应用较为广泛的是含有 I^-/I_3^- 离子对的电解液，但碘单质易挥发，对金属栅电极有极强的腐蚀性，因此，国外研究者对电解液氧化还原电对进行了研究。Zakeeruddin 等研究者（2004）将 $SeCN^-/SeCN^{3-}$ 氧化还原电对应用于液态纳米晶太阳能电池，在全日光照射下，基于 $SeCN^-/SeCN^{3-}$ 氧化还原电对的纳米晶太阳能电池的光电性能甚至超过于基于 I^-/I_3^- 氧化还原电对的纳米晶太阳能电池的光电性能。经试验检测发现，其光电转换效率 η 可达到 7.5%～8.3%[81]。Wang 等研究者（2010）制备了基于二硫化物/硫醇盐氧化还原电对的纳米晶太阳能电池，在标准光照下，其光电转换效率 η 达到了 6.4%[82]。Feldt 等研究者（2010）制备了基于有机染料、CO^{3+}/CO^{2+} 钴金属配合物电对的纳米晶太阳能电池，经试验检测发现，其光电转换效率 η 可达到 6.7%[83]。Gratzel 研究团队于 2014 年报道了基于卟啉锌染料、CO^{3+}/CO^{2+} 钴金属配合物电对的纳米晶太阳能电池，其光电转换效率 η 达到 13%，是目前转换效率最高的纳米晶太阳能电池。但是，液态电解质存在诸如易泄露、易挥发、不易封装等问题，为此，国外许多研究者对其他类型电解质也展开了研究开发。

在离子液态电解质方面。Wang 等研究者（2004）合成了由 N，N—二乙基—N′，N′—二丙基—N″—乙基—N″—甲基胍碘盐（SGI）组成的温室离子液态电解质以及由 N，N，N′，N″—四甲基—N″，N″—二戊胍盐（SGTM）组成的温室离子液态电解质，其中基于由 SGI 组成的温室离子液态电解质的纳米晶太阳能电池的光电转换效率 η 较高，可高达 5.9%[84]。为提高基于温室离子液态电解质纳米晶太阳能电池的光电转换效率，Wang 等研究者又进一步对温室离子液态电解质进行配制研究，并于 2005 年报道了基于其配制的离子液态电解质纳米晶太阳能电池的光电转换效率 η 已超过 8%[85]。目前，基于离子液态电解质的纳米晶太阳能电池的光电转换效率最高已达到 10%。

在准固态电解质方面。Wang 等研究者（2004）在有机溶剂中加入有机聚合物制备了准固态电解质并应用于纳米晶太阳能电池，在 AM1.5 模拟太阳光的照射下，其光电转换效率达到了 6.7%，且该太阳能电池稳定性较好，在 80℃下保存 30 天，其光电转换效率仍能达到原来的 90%[86]。Lee 研究团队（2011）以聚合物 PAN—VA 和 TiO_2 共同作为凝胶剂，加入有机溶剂中成功制备了准固态电解质，并应用于纳米晶太阳能电池，经检测发现，其光电转换效率 η 高达 9.46%，是目前基于准固态电解质纳米晶太阳能电池效率最高的纳米晶太阳能电池[87]。Wang 等研究者（2003）在离子液态电解质中加入二氧化硅 SiO_2 化合物，成功制备了准固态电解质，并应用于纳米晶太阳能电池，经检测发现，其光电转换效率 η 达到 6.1%[88]。Stathatos 等研究者（2007）在离子液态电解质中加入 TMS－PMⅡ，并利用酸催化作用制备了基于离子液态电解质的准固态电解质，经检测发现，基于该电解质的纳米晶太阳能电池的光电转换效率 η 达到 3.1%[89]。Lee 等研究者（2010）在由 1－丁醇－甲基咪唑碘化物即 BMⅡ离子液态电解质或由 1－甲基－3－丙基咪唑鎓盐碘化物即 PMⅡ离子液态电解质中添加不易燃、不易粘黏、含有炭黑（CB）的导电性高聚合物，成功制备了 PMⅡ/ CB 以及 BMⅡ/ CB 准固态电解质，经检测发现，基于 PMⅡ/ CB 以及 BMⅡ/ CB 准固态电解质的纳米晶太阳能电池的光电转换效率 η 分别达到 4.38%、3.68%，他们又进一步将载有聚苯胺的 CB（PACB），代替初始 CB，在 AM1.5 模拟太阳光的照射下，基于 PMⅡ/ PACB 准固态电解质的纳米晶太阳能电池光电转换效率 η 高达 5.81%，是有史以来报告的有关基于不含碘的准固态电解质纳米晶太阳能电池光电转换效率 η 最高的纳米晶太阳能电池[90]。

在固态电解质研究方面。继 Tennakone 等研究者首次报道了基于 CuI 固态电解质的纳米晶太阳能电池后，他们（2002）为进一步提高基于 CuI 固态电解质纳米晶太阳能电池的光电转换效率以及稳定性，在 CuI 中添加了可抑制 CuI 晶粒生长的化合物（C_2H_5）$_3$HSCN，经检测发现，基于 CuI、（C_2H_5）$_3$HSCN 固态电解质的纳米晶太阳能电池光电转换效率 η 可达到 3.75%[91]。O'Regan 等研究者（2002）制备了基于 CuSCN 固态电解质的纳米晶太阳能电池，其光电转换效率 η 达到 2%[92]。Premalal 等研究者（2010）进一步对 CuSCN 进行了修饰，合成了混合物 Cu_5［（C_2H_5）$_3$N］SCN_{11}，基于由 TiO_2 光阳极/N719 染料/修饰的 CuSCN 固态电解质构成的纳米晶太阳能电池光电转换效率较基于未修饰 CuSCN 的纳米晶太阳能电池光电转换效率高 41%[93]。Kim 等研究者（2011）制备了基于由不同异质结 TiO_2 光阳极/NiO 固态电解质构成的纳米晶太阳能电池，在 AM1.5 模拟太阳光的照射下，其中光电性能最好的纳米晶太阳能电池的开路电压 V_{OC} 达到 780mV，短路电流 J_{SC} 达到 0.91 mAcm^{-2}，填充因子 FF 达到 40%，光电转换效率 η 达到 0.3%[94]。国外研究者不仅在半导体固态电解质方面取得了一定成就，而且在有机固态电解质方面也取得了一定的成果。Nogueira 等研究者（2006）在由环氧氯丙烷 - CO - 环氧乙烷、NaI、I_2 构成的聚合物固态电解质中添加增塑性聚乙二醇甲醚，制备的纳米晶太阳能电池开路电压 V_{OC} 达到 0.64V，短路电流 J_{SC} 达到 0.60 mAcm^{-2}，光电转换效率 η 达到 1.75%[95]。Akhtar 等研究者（2008）将三氯甲烷以及甲醇溶剂按照合适的比例混合，制备了杂多酸 - 聚氧化乙烯（HPA - PEO）固态电解质，并应用于纳米晶太阳能电池，经检测，开路电压 V_{OC} 达到 0.524V，短路电流 J_{SC} 达到 9.7mAcm^{-2}，转换效率 η 达到 3.1%[96]。Jihuai 等研究者（2008）制备了由 N - 甲基 - 4 - 乙烯基 - 吡啶碘化物、N - 甲基 - 吡啶碘化物、I_2 构成的固态聚合物电解质并应用于纳米晶太阳能电池，经检测发现，其光电转换效率 η 达到 5.64%[97]。Dong - Yi 等研究者（2010）报道了基于有机 A2 - F 固态电解质的纳米晶太阳能电池的光电转换效率 η 达到了 4.86%，开路电压 V_{OC} 达到了 0.91V，短路电流 J_{SC} 达到了 7.52mAcm^{-2}，填充因子 FF 达到了 71%[98]。

5. 对电极

对电极的主要作用是收集从光阳极传输的电子，并将电子传输到电解质，以便还原电解质中的离子，以保证电解质的氧化还原反应持续不断的进行。目前，Pt是纳米晶太阳能电池应用最为广泛的对电极材料，为进一步提高纳米晶太阳能电池性能，并降低其成本，国外研究者对纳米晶太阳能电池对电极材料展开了研究。Sapp等研究者（2002）以Au代替Pt作为对电极材料制备了基于CO^{3+}/CO^{2+}钴金属配合物电对的纳米晶太阳能电池，经检测发现，Au材料作为纳米晶太阳能电池的对电极能够使纳米晶太阳能电池表现出良好的光电性能[99]。Suzuki等研究者（2003）为了寻找可应用于纳米晶太阳能电池的高效率对电极材料，对3种C纳米材料进行了检测，其中，单壁C纳米管作为对电极材料应用于纳米晶太阳能电池，其光电转换效率η可达到4.5%，与在同样环境下基于Pt对电极的Gratzel类型纳米晶太阳能电池的光电转换效率相当[100]。Gupta等研究者（2014）制备了基于Cu－PACFs（碳超细纤维粉）/CNFs（碳纳米纤维）对电极的纳米晶太阳能电池，经检测，其光电转换效率η达到了4.36%，开路电压V_{OC}达到了0.75V，短路电流J_{SC}达到了11.12mAcm^{-2}，填充因子FF达到了54%[101]。Trevisan等研究者（2011）以PEDOT纳米阵列作为对电极并应用于I^-/I_3^-液态纳米晶太阳能电池，经检测，其光电转换效率η达到了8.3%，与在相同环境下基于Pt对电极的纳米晶太阳能电池光电转换效率8.5%相当[102]。Tsai等研究者（2015）合成了CoS_2并作为对电极应用于纳米晶太阳能电池，经检测发现，其光电转换效率η达到了6.13%，而在相同环境下制备的基于Pt对电极的纳米晶太阳能电池光电转换效率η仅为6.04%[103]。Lee等研究者（2014）合成了Ni_3Se_4并作为对电极应用于纳米晶太阳能电池，经检测，其光电转换效率η达到了8.13%，而在相同环境下制备的基于Pt对电极的纳米晶太阳能电池光电转换效率η仅为8.03%[104]。另外，国外研究者对聚噻吩（2012）[105]、Pt/多壁C纳米管（2014）[106]、PAN I－ES－I_2（2013）[107]等作为对电极材料进行了研究，均取得了一定的成果。

由于本节涉及的文献较多，为更突出国外有关纳米晶太阳能电池核心技术研究进展并便于其他学者对国外相关纳米晶太阳能电池核心技术研究进展有清晰的认识，本书将国外纳米晶太阳能电池核心技术以及研究成果进行汇总，如表3.1所示：

表 3.1　国外纳米晶太阳能电池核心技术及成果汇总

类别	研究者、研究内容及成果	研究者、研究内容及成果
导电衬底研究进展	Miyasaka、Ikegami 等研究者（2007），以聚合物作为柔性导电衬底，NPC 达到 6% 以上	Rothenberger 等研究者（2006），以铂金片金属作为柔性导电衬底，NPC 达到 7.2%
	Kuang Brillet 等研究者（2008），在钛箔片上采用阳极氧化法生长的 TiO_2 纳米管阵列作为光阳极，液态 NPC 达到 3.6%	Wang 等研究者（2012），用阳极氧化法在钛网上生长 TiO_2 纳米管阵列作为光阳极，NPC 正面达到 5.3%、背面达到 3.15%
纳米半导体研究进展	Apatiga 等研究者（2010），利用化学气相沉积法，制备了 TiO_2 纳米薄膜	Pamu 等（2007），采用磁控溅射法，制备了 TiO_2 纳米薄膜
	Wetchakun 研究者（2008），采用溶胶—凝胶法，制备了 TiO_2 纳米薄膜	Seigo 等研究者（2005），利用 $TiCl_4$ 溶液对 TiO_2 纳米薄膜处理，使 NPC 的 V_{OC} 以及 J_{SC} 提高
	Murayama 等研究者（2006），TiO_2 纳米薄膜经乙酸（CH_3COOH）处理，提高了 NPC 的 J_{SC}	Park 等研究者（2009），利用硝酸（HNO_3）处理 TiO_2 纳米薄膜，使 NPC 的 η 增加
	Weerasinghe 等研究者（2010），对 TiO_2 纳米薄膜进行 HCl 酸溶液处理，能够加强 TiO_2 纳米粒子的电接触以及修饰 TiO_2 纳米的表面	Beomjin Yoo 等研究者（2008），研究制备了 ITO/ATO/ TiO_2 3 层核—壳薄膜结构，使 NPC 的 V_{OC} 增加、η 提高
	Chuen—Shii Chou 等研究者（2009），研制了 TiO_2/ Au 以及 TiO_2/ Ag2 层核—壳薄膜结构，使 NPC 的 η 有所提高	Ma 等研究者（2005），在 TiO_2 中掺杂非金属 N，NPC 的 η 达到了 8%
	Soon Hyun Kang 等研究者（2010），发现基于 $TiO_{2-X}N_x$ 光阳极的 NPC 的 J_{SC} 由原来的 7.4$mAcm^{-2}$ 提高到 10.52 $mAcm^{-2}$	Sivaranjani 等研究者（2011），合成了 $TiO_{2-X}N_x$ 准 3 维结构，NPC 的 η 提高了 47%
	Shankar 等研究者（2009），金属 Ta 掺入 TiO_2 中，NPC 的 V_{OC}0.87V	Su Kyung park 等研究者（2011），掺杂金属 Mg 于 TiO_2 光阳极，NPC 的 η 有所提高
	Soon Hyung Kang 等研究者（2008），合成了 TiO_2 纳米棒，η 达到 6.2%	Lee 等人（2009），合成了 TiO_2 纳米棒，NPC 的 η 达到 9.52%

续表

类别	研究者、研究内容及成果	研究者、研究内容及成果
纳米半导体研究进展	Motonari 等人（2004），合成了 TiO_2 纳米线，NPC 的 η 达到 9.3%	Allam 等人（2008）及 Shankar 等人（2008），合成的 TiO_2 纳米管，NPC 的电子传输效率提高
	Lanberti 等研究者（2013），制备了 TiO_2 纳米颗粒/纳米管复合光阳极，NPC 的 η 较 P25 提高了 10%	Chuangchote 等研究者（2008），制备了 TiO_2 纳米粒子/纳米纤维，NPC 的 η 提高了 8.97%
	Tetreault 等研究者（2011），制备了 3 维 SnO_2 结构，NPC 的 η 达到 5.8%	Fujihara 等研究者（2008），研制了 ZnO 光阳极，η 达到了 6.58%
	Matt Law 等研究者（2006），制备了 ZnO/ Al_2O_3 或 ZnO/ TiO_2 核—壳结构，在 10～25nm 的 TiO_2 壳层下 NPC 的 η 大幅增加	Seung 等研究者（2011）、合成了多层级，高密度的树状 ZnO 纳米线，NPC 的 η 较直立 ZnO 纳米线光阳极高 5 倍左右
	Ghosh 等研究者（2011），制备了纳米森林结构的 Nb_2O_5 光阳极，NPC 的 η 为 2.41%	Nripan Mathews 等研究者（2011），合成了纳米仙人掌结构的 Zn_2SnO_4，经 $TiCl_4$ 处理后 η 达到 6.62%
染料敏化剂	Grtzel 团队，制备了 N_3 染料敏化剂，NPC 的 η 突破 10%	Grtzel 团队（2001），制备了 N749 染料敏化剂，η 达到 10.4%
	Grtzel 团队，制备了 Z907、Z910、K8、K19、K77、K73 等染料敏化剂，提高了染料敏化剂的热稳定性	Wang 等研究者（2005），合成了 Zn－3 金属卟啉染料敏化剂，NPC 的 η 达到 5.6%
	Chou－Pou Hsieh 等研究者（2010），合成了 DY2、DY6 锌卟啉类染料敏化剂，NPC 的 η 分别达到 6.56%、5.13%	Reddy 等研究者（2007），合成了 PCH001 酞菁染料敏化剂，NPC 的 η 达到 3.05%
	Pozzi 等研究者（2011），合成了 ZnPcs 酞菁染料敏化剂，NPC 的 IPCE 可高达 70%	Akihiro 等研究者（2009），合成了由 $CH_3NH_3PbI_3$ 钙钛型化合物和 CH_3PbBr_3 钙钛型化合物组成的染料敏化剂，NPC 的 η 达到 3.8%
	Jeong－Hyeok Im 等研究者（2011），利用 2－3nm 的 $CH_3NH_3PbI_3$ 对 DSSC 敏化，NPC 的 η 达到 6.54%	Michael 等研究者（2012），$CH_3NH_3PbI_2Cl$ 钙钛型化合物为染料敏化剂制备固态 NPC，在完整的日光模拟照射下固态 NPC 的 η 达到 10.9%

续表

类别	研究者、研究内容及成果	研究者、研究内容及成果
染料敏化剂	Arakawa研究团队，合成了NKX－2311、NKX－2593、NKX－2677等有机香豆型染料敏化剂，NPC的η最高可达7.7%	Wang研究团队（2007），合成了NKX－2883香豆型有机染料，NPC的η达到6%，稳定性较好
	Horiuchi研究团队（2003、2004），合成了indoline dye 1、D149吲哚类有机染料，NPC的η分别达到6.1%、8%	Hagberg等研究者（2008），D7、D9、D11等三苯胺类有机染料，其中基于D11的η达到7.03%
	Hwang等（2008），合成了TA－St－CA三苯胺类有机染料，NPC的η达到9.1%	Takashi Maoka（2008），从裙带菜中提取的Cl叶绿素作为染料敏化剂，NPC的η达到4.6%
电解质研究进展	Zakeeruddin等研究者（2004），以$SeCN^-$/$SeCN^{3-}$为氧化还原电对，NPC的η达到了7.5%～8.3%	Wang等研究者（2010），以二硫化物/硫醇盐为氧化还原电对，NPC的η达到了6.4%
	Feldt等研究者（2010）、Gratzel研究团队（2014），以CO^{3+}/CO^{2+}钴金属配合物电对为氧化还原电对，NPC的η分别达到了6.7%、13%	Wang等研究者，合成了SGI温室液态电解质以及其他离子液态电解质，NPC的η分别达到5.9%、8%
	Wang等研究者（2003、2004），制备了准固态电解质，NPC的η分别达到6.1%、6.7%	Lee研究团队（2011），聚合物PAN—VA和TiO_2作为凝胶剂制备准固态电解质，NPC的η达到9.46%
	Stathatos等研究者（2007），制备了基于离子液态电解质的TMS－PMⅡ准固态电解质，NPC的η达到3.1%	Lee等研究者（2010），制备了PMII/CB、BMII/CB、PMII/PACB准固态电解质，NPC的η分别达到4.38%、3.68%、5.81%
	Tennakone（2002），制备了CuI、$(C_2H_5)_3HSCN$固态电解质，η达到3.75%	O'Regan等人（2002），制备了CuSCN固态电解质，η达到2%
	Premalal等研究者（2010），制备了$Cu_5[(C_2H_5)_3N]SCN_{11}$固态电解质，NPC的η较基于CuSCN固态η高41%	Kim等研究者（2011），TiO_2/NiO固态电解质，NPC的η达到0.3%

续表

类别	研究者、研究内容及成果	研究者、研究内容及成果
电解质研究进展	Nogueira 等研究者（2006），在由环氧氯丙烷 – CO – 环氧乙烷、NaI、I_2 构成的聚合物固态电解质中添加增塑性聚乙二醇甲醚，NPC 的 η 达到 1.75%	Akhtar 等研究者（2008），制备了杂多酸 – 聚氧化乙烯（HPA – PEO）固态电解质，NPC 的 η 达到 3.1%
	Jihuai 等研究者（2008）制备了由 N – 甲基 – 4 – 乙烯基 – 吡啶碘化物、N – 甲基 – 吡啶碘化物、I_2 构成的固态聚合物电解质，NPC 的 η 达到 5.64%	Dong – Yi 等研究者（2010），制备了有机 A2 – F 固态电解质，NPC 的 η 达到 4.86%
对电极研究进展	Sapp 等研究者（2002）、Suzuki 等研究者（2003），分别以 Au 以及 C 纳米材料代替 Pt 作为对电极材料，NPC 表现良好的光电性能	Gupta 等人研究者（2014）、Trevisan 等研究者（2011），制备了基于 Cu – PACFs（碳超细纤维粉）/CNFs（碳纳米纤维）、PEDOT 纳米阵列为对电极，NPC 的 η 分别达到了 4.36%、8.3%
	Tsai 等研究者（2015）、Lee 等研究者（2014）分别以 CoS_2、Ni_3Se_4 为对电极，NPC 的 η 分别达到了 6.13%、8.13%	Yum（2012）、Cong（2014）、Lee（2013），以聚噻吩、Pt/多壁 C 纳米管、PAN I – ES – I_2 作为对电极材料，取得了一定成果

注：NPC 代表纳米晶太阳能电池；η 代表光电转换效率；J_{sc}代表短路电流；V_{OC}代表开路电压

3.2.1.2　国内纳米晶太阳能电池核心技术研究进展

纳米晶太阳能电池技术作为新兴高新技术，它的未来发展前景已引起了人们的广泛关注，世界各国为抢占其技术制高点均积极参与纳米晶太阳能电池的研究开发，我国也不例外，但与国外纳米晶太阳能电池的研究相比，我国对纳米晶太阳能电池技术的研究起步相对较晚。

1. 导电衬底研究进展

在导电衬底方面。由于我国对纳米晶太阳能电池技术的研究起步较国外晚，我国在着手研究纳米晶太阳能电池导电衬底方面的技术时，国外对导电玻璃衬底材料方面的研究已经较为成熟，且已取得了显著的成果。因此，我国对纳米晶太阳能电池导电衬底的研究主要集中于柔性导电衬底方面。肖尧明等研究者（2009）利用刮涂法成功制备了 ITO/PEN 柔性导电材料并应用于纳米晶太阳能电池，在 AM1.5 模拟太阳光的照射下，其光电转换效率 η 达到 3.4%[108]。赵晓冲（2013）对 ITO/PEN 薄膜表面形貌以及内部颗粒连接性进行了改善，从而提高了基于 PEN 聚合物的柔性纳米晶太阳能电池光电性能[109]。汪泳梅（2012）[110]、安阳（2013）[111]等研究者对应用于柔性纳米晶太阳能电池的钛基底进行了化学、物理处理，经检测发现，经处理后的钛基底应用于纳米晶太阳能电池，可提高其光电性能以及稳定性。Lv、Wu 等研究者（2012）为解决金属柔性衬底纳米晶太阳能电池存在太阳光损失的问题，利用阳极氧化法在钛线上生长 TiO_2 纳米管阵列并将其作为阳极，此外，他们进一步将铂丝捆绑于在钛线上，再将其装入透明塑料管内，并灌注电解液，制备了金属纤维衬底纳米晶太阳能电池，其光电转换效率 η 达到了 7%[112]。

2. 纳米半导体薄膜研究进展

在 TiO_2 纳米薄膜的制备方法方面。朱春奎（2014）以厚度约为 350nm 的 TiO_2 颗粒为原料通过刮涂法成功制备了 TiO_2 纳米薄膜，并通过试验发现，TiO_2 纳米薄膜厚度在 12～16um 时，纳米晶太阳能电池光电性能较好[113]。乌凯（2010）采用水热合成法并结合静电自组装法，制备了 TiO_2 纳米薄膜，试验发现，前驱体 PH 为 10.5、合成温度为 120℃、合成时间为 5h 时，能够得到平均粒径为 7.1nm 的锐钛矿相 TiO_2 纳米晶粒，并在前期研究基础上，以 C 为对电极、以 I^-/I_3^- 为电解质，成功制备了光电转换效率 η 为 3.43% 的纳米晶太阳能电池[114]。庞世红（2010）等利用常压化学气相沉积法制备了 TiO_2 薄膜，并进一步研究了氧气、水蒸气含量以及衬底温度、衬底与反应器间的距离等对 TiO_2 纳米薄膜沉积速率的影响[115]。黄嘉（2009）采用磁控—溅射法制备了 TiO_2 纳米薄膜，并通过研究发现，在采用磁控—溅射法制备 TiO_2 纳米薄膜时，最优参数组合为氧氩流量比为1:6，溅射气压1.5Pa，基本温度为500℃，溅射功率为400W[116]。李淑梅（2010）采用溶胶—凝胶法制备了 TiO_2 纳米薄膜，经试验发现，采用溶胶—凝胶法制备 TiO_2 纳米薄膜的条件是：Ti（OC_4H_9）、C_2H_5OH、H_2O 分别为8、12.16、0.9ml，PEG为50mg，PH介于2、3之间。此外，当 TiO_2 纳米薄膜烧结温度为500℃、升温速度为10℃/min，保温时间为1h时，可制得平均粒径为18nm的锐钛矿相 TiO_2 纳米晶粒[117]。

TiO_2 纳米薄膜的物理化学处理方面。李洁等研究者（2011）分别用二次磷酸（DINHOP）以及饿脱氧胆酸（CDCA）对 TiO_2 纳米薄膜进行化学处理，经研究发现，DINHOP较CDCA更能明显的提高基于N719染料的纳米晶太阳能电池的开路电压 V_{OC}[118]。王丽伟等研究者（2011）分别用 $TiCl_4$、HCl、增加 TiO_2 纳米薄膜散射层等对 TiO_2 纳米薄膜进行物理化学处理，经试验检测发现，基于 $TiCl_4$、HCl处理后的 TiO_2 纳米薄膜的纳米晶太阳能电池的光电转换效率η以及短路电流 J_{SC} 均有提高，而开路电压 V_{OC} 降低；增加 TiO_2 纳米薄膜散射层后，纳米晶太阳能电池的光电转换效率η提高，由未处理时的4.62%提高到4.79%[119]。李艳等研究者（2014）采用Cr（NO_3）$_3$ 对 TiO_2 纳米薄膜进行化学修饰，并作为光阳极应用于纳米晶太阳能电池，经检测发现，化学修饰后的电池较修饰前电池，短路电流 J_{SC} 以及光电转换效率η分别提高了31.1%、40.4%[120]。李文欣等研究者（2011）在 TiO_2 纳米薄膜表面包裹了一层氧化钇（Y_2O_3），制备了 Y_2O_3/ TiO_2 两层核—壳结构，并应用于纳米晶太阳能电池，经检测发现，电池的开路电压 V_{OC} 增加且寿命有所延长[121]。许贤祺等研究者（2013）将 $SrCO_3$ 颗粒包裹于 TiO_2 纳米薄膜表面，制备了 $SrCO_3$/TiO_2 两层核—壳结构，并应用于纳米晶太阳能电池，经检测发现，电池短路电流 J_{SC} 提高了39.9%，光电转换效率η提高了38.3%[121]。李国辉等研究者（2015）利用水热法在 TiO_2 纳米薄膜表面包裹一层 $SrTiO_3$，制备了 $SrTiO_3$/TiO_2 电极并应用于纳米晶太阳能电池，在180℃全光照下，光电转换效率η提高了24%[123]。许亚龙等研究者（2015）采用溶胶—凝胶法制备了Ti－Si溶胶，用于修饰 TiO_2 纳米薄膜，并将修饰后的 TiO_2 纳米薄膜应用于纳米晶太阳能电池，经检测发现，经 Ti - Si 修饰后，电子的寿命延长且注入效率有所提高，进而使电池的光电转换效率 η 达到 7.11%[124]。

在纳米 TiO_2 的掺杂研究方面。Wang xin 等研究者（2009）在 TiO_2 中掺杂入 N，制备了不同掺杂浓度的 $TiO_{2-X}N_X$，并应用于纳米晶太阳能电池，其光电转换效率 η 明显提高，此外，他们发现，通过改变掺杂浓度可以调节 $TiO_{2-X}N_X$ 带隙宽度[125]。杨兵初等研究者（2010）在 TiO_2 纳米中掺杂了金属元素 W，并应用于纳米晶太阳能电池，经检测发现，掺入 W 后，纳米晶太阳能电池的短路电流 J_{SC} 以及转换效率 η 均明显提高，但却不利于开路电压 V_{OC} 的提高[126]。崔旭梅等研究者（2012）在 TiO_2 中分别掺杂了醋酸锌和 ZnO，以此为基础制备了醋酸锌/ TiO_2、ZnO/ TiO_2 双层薄膜，并应用于纳米晶太阳能电池，经检测发现，基于醋酸锌/ TiO_2 双层薄膜的纳米晶太阳能电池的光电转换效率较基于 ZnO/ TiO_2 双层薄膜的纳米晶太阳能电池的光电转换效率高出一倍，此外，基于醋酸锌/ TiO_2 双层薄膜的纳米晶太阳能电池的光电转换效率较基于未掺杂醋酸锌的纳米晶太阳能电池的光电转换效率高出 13 倍[127]。Jiang L 等研究者（2013）在 TiO_2 中掺杂 Nb，并作为光阳极应用于固态纳米晶太阳能电池中，研究发现电子注入效率达到了 91%[128]。王雷等研究者（2013）将非金属元素 S 掺杂于 TiO_2 中，并作为光阳极应用于纳米晶太阳能电池，经研究发现，S 的掺杂能够明显提高纳米晶太阳能电池的光电转换效率、改善其光电性能[129]。

在 TiO_2 纳米形貌研究方面。魏明灯（2007）分别以 TiO_2 纳米管以及钛酸盐纳米管为光阳极制备了纳米晶太阳能电池，在 AM1.5 模拟太阳光的照射下，纳米晶太阳能电池的光电转换效率 η 最高分别达到 10%、7.5%[130]。焦星剑等研究者（2011）[131]、罗华明等研究者（2013）[132]均研究了 TiO_2 纳米管长度对基于 TiO_2 纳米管为阳极的纳米晶太阳能电池光电性能的影响，研究发现，随着 TiO_2 纳米管长度的增加，该类纳米晶太阳能电池的短路电流以及光电转换效率也随之增加。郭正凯等研究者（2013）研究发现 TiO_2 纳米管粗糙度是影响基于 TiO_2 纳米管为阳极的纳米晶太阳能电池光电性能的重要因素[133]。葛增娴等研究者（2010）通过水热合成技术制备了 TiO_2 纳米花薄膜，并作为光阳极应用于纳米晶太阳能电池，研究发现，前驱体钛酸丁酯的浓度高低会影响该结构纳米晶太阳能电池的光电性能，其浓度越高纳米晶太阳能电池的光电性能越差，此外，基于 TiO_2 纳米花薄膜的纳米晶太阳能电池的光电转换效率较低，约在1.0%左右[134]。胡嘉清等研究者（2014）制备了TiO_2/FTO纳米片，并作为光阳极应用于纳米晶太阳能电池，经检测，其光电转换效率η略高于P25[135]。那日苏等研究者（2011）制备了TiO_2纳米棒，并应用于以罗丹红－B为染料的纳米晶太阳能电池，经检测发现，该结构纳米晶太阳能电池的开路电压V_{OC}达到了520mV[136]。丁雨田等研究者（2014）采用磁控溅射法制备了金红石/锐钛矿复合一维TiO_2纳米棒，并应用于纳米晶太阳能电池，经研究发现，该结构纳米晶太阳能电池表现出了良好的光电性能[137]。张文翔等研究者（2015）成功制备了TiO_2纳米棒/Au@SiO_2复合纳米颗粒/TiO_2钝化层结构，并应用于纳米晶太阳能电池，其电池光电转换效率较基于单一TiO_2纳米棒为光阳极的纳米晶太阳能电池光电转换效率提高了60%[138]。赵旺等研究者（2011）采用水热合成法、溶胶—凝胶技术、提拉法等制备了TiO_2纳米线/TiO_2纳米颗粒复合结构，并作为光阳极应用于纳米晶太阳能电池，经检测发现，随着光阳极TiO_2纳米线含量的增加，该结构纳米晶太阳能电池的短路电流以及光电转换效率均明显提高，同时，电子的注入效率以及寿命均有所改善，而开路电压以及填充因子却基本保持不变[139]。黄先威等研究者（2012）成功制备了聚合物PAN/二氧化钛TiO_2杂化纳米纤维、聚合物PVP/二氧化钛TiO_2杂化纳米纤维结构，并作为阳极应用于固态纳米晶太阳能电池，研究发现，基于该结构的固态纳米晶太阳能电池的光电转换效率可达到液态纳米晶太阳能电池光电转换效率的90%[140]。

非TiO_2材料以及非TiO_2材料结构研究方面。我国国内在非TiO_2材料方面研究较多的是ZnO材料。戴松元等研究者（2005）用ZnO薄膜代替纳米晶太阳能电池中的TiO_2薄膜，研究发现，基于ZnO薄膜光阳极的纳米晶太阳能电池的光电转换效率较低，且主要原因是由于ZnO薄膜与染料敏化剂之间的吸附力较弱[141]。陶俊超等（2010）[142]、沈昱婷等（2011）[143]、冯跃军等（2012）[144]、范永梅等（2014）[145]各研究团队对纳米ZnO结构进行了研究，在一定程度上提高了基于纳米ZnO光阳极的纳米晶太阳能电池的光电性能。此外，王璟等（2013）[146]、张凌云等（2014）[147]各研究团体对纳米ZnO进行了掺杂研究，并取得了一定的成果。牛正玺等研究者（2015）成功制备了SnO_2纳米花结构，并作为光阳极应用于纳米晶太阳能电池，经检测，其光电转换效率较低，他们又进一步对SnO_2进行$TiCl_4$处理，处理后组装的纳米晶太阳能电池的光电转

换效率 η 提高到 3.95%[148]。赵天等研究者（2015）成功制备了 ZnO 纳米线/SnO_2 纳米颗粒核壳结构，并作为光阳极应用于纳米晶太阳能电池，研究发现，其光电性能较基于单一结构的 ZnO 纳米阵列或 SnO_2 纳米颗粒的纳米晶太阳能电池的光电性能有极大的改善[149]。张林森等研究者（2012）成功制备了 $ZnWO_4$ 纳米颗粒，并用于纳米晶太阳能电池，经检测，其开路电压 V_{oc} 达到 481mV，短路电流 J_{sc} 达到 0.114 mA/cm^2，光电转换效率 η 达到 0.21%[150]。

3. 染料敏化剂

我国在纳米晶太阳能电池染料敏化剂核心技术方面也取得一定的成果。Bai 等研究者（2008）报道了其研究团队研究制备了 C101 染料，并以此为染料组装纳米晶太阳能电池，其光电转换效率 η 达到 11.1%[151]。Cao 等研究者于 2009 年报道了其研究团队研究制备的 C106，并作为敏化剂应用于纳米晶太阳能电池，经检测，其光电转换效率 η 达到了 11.4%[152]。Zhu 等研究团队于 2011 年报道了其研究制备的基于 D－A－π－A 结构的 WS－2、WS－5 染料，并应用于纳米晶太阳能电池，其液态纳米晶太阳能电池光电转换效率 η 分别达到了 8.7%、8.02%[153]。詹卫伸等研究者（2012）比较了基于有机染料 D－SS 与基于有机染料 D－ST 的纳米晶太阳能电池的光电性能，研究发现，后者纳米晶太阳能电池的光电转换效率明显高于前者纳米晶太阳能电池的光电转换效率[154]。陈喜明等研究者（2014）在咔唑染料 Dye1 的基础上，引入 TTF 基团，从而合成了新型咔唑染料 Dye2，研究表明，新型咔唑染料 Dye2 能够提高纳米晶太阳能电池的光电性能[155]。侯丽梅等研究者（2015）成功设计、制备了 9 个 INI 系列染料并与 D5、D9 染料就影响纳米晶太阳能电池光电性能的重要因素进行了比较，研究发现，INI 系列染料是一种性能较优良的染料[156]。此外，在天然染料敏化剂方面我国也取得了一定的成果。黄晙等研究者（2004）在树叶、花及果实中提取了大量的色素，并制备了基于 TiO_2 光阳极/色素染料/Pt 对电极的纳米晶太阳能电池，经检测，该结构纳米晶太阳能电池的光电转换效率 η 达到了 2.1%，开路电压 Voc 达到 0.53V，短路电流 J_{sc} 达到 4.2 mA/cm^2[157]。刘宝琦等研究者（2006）从梧桐幼叶中以及黄菊花瓣中提取了大量的叶绿素、叶黄素，并分别制备了基于 TiO_2/叶绿素、基于 TiO_2/叶黄素、基于 TiO_2/叶绿素＋叶黄素共敏化的纳米晶太阳能电池，经检测发现，基于 TiO_2/叶绿素＋叶黄素共敏化的纳米晶太阳能电池的光电转换效率分别为基于 TiO_2/叶绿素、基于 TiO_2/叶黄素的纳米晶太阳能电池光电转换效率的5.7倍、1.4倍[158]。郝洪顺等(2014)[159]、李娜等（2014）[160]各研究团队分别从海娜花中、鸭趾草中提取了大量天然色素并均可作为天然染料应用于纳米晶太阳能电池。

4. 电解质

在氧化还原电对研究方面。Bai等研究者（2011）以Cu^{2+}/Cu^{+}为氧化还原电对制备了纳米晶太阳能电池，在AM1.5模拟光照下，该结构纳米晶太阳能电池的光电转换效率η达到7.0%，与基于I^{-}/I_3^{-}氧化还原电对的纳米晶太阳能电池的光电转换效率相当[161]。Ming Cheng等研究团队（2012）以HQ/BQ为氧化还原电对成功制备了纳米晶太阳能电池，经检测，其光电转换效率η达到8.4%，而在同等环境下、同等条件下制备的基于I^{-}/I_3^{-}氧化还原电对的纳米晶太阳能电池的光电转换效率仅有8.0%[162]。

在离子液态电解质研究方面。陈卓等研究者（2011）对6种二元液态电解质进行了研究分析，研究发现，当碘浓度达到0.25mol/L时，基于二元离子电解质的纳米晶太阳能电池的光电转换效率η最高可达5.20%[163]。王海等研究者（2013）通过P－π效应制备了两种离子液体：EMIB、EMIN，并以此为基础组装纳米晶太阳能电池，在300W.m^{-2}的模拟光照下，基于EMIB、EMIN离子液体的纳米晶太阳能电池的光电转换效率η分别达到2.85%、4.30%[164]。

在准固态电解质研究方面。Wang Miao等研究者（2008）在二元离子液体的基础上成功制备了准固态电解质，并作为电池构件组装纳米晶太阳能电池，在AM1.5模拟光照下，其光电转换效率η达到6.1%[165]。Meng等研究者（2010）以4－庚氧基－4′－氰基联苯为凝胶剂，制备了乙腈准固态电解质并应用于纳米晶太阳能电池，经检测发现，该结构纳米晶太阳能电池的光电转换效率η达到8.18%[166]。Yu等研究者（2012）在低挥发性的3－甲氧基丙睛中添加低分子量有机凝胶因子，从而成功制备了准固态电解质，并与染料C105一起组装纳米晶太阳能电池，经检测，电池的光电转换效率η达到了9.1%[167]。此外，该结构纳米晶太阳能电池在1000h的老化试验后仍能保持光照稳定性。

在固态电解质研究方面。Jihuai等研究者（2008）以N－甲基－4－乙烯基－吡啶碘化物、N－甲基－吡啶碘化物以及碘等化合物制备了聚合物电解质，并以此为基础，结合导电石墨层、KI块层、以及真空组装技术，成功制

备了光电转换效率 η 为 5.64% 的固态纳米晶太阳能电池[168]。秦琦等研究者（2010）在聚苯胺电解质中加入乙炔黑，制备了聚苯胺/乙炔黑固态电解质，并应用于纳米晶太阳能电池，经检测发现，该结构固态纳米晶太阳能电池的光电转换效率 η 可达到液态纳米晶太阳能电池的 48%[169]。Wang Hong 等研究者（2012）用脂基对咪唑鎓盐进行修饰，并结合混合 I_2 和 KI 的化合物 1 制备了固态电解质，并应用于纳米晶太阳能电池，经检测，其光电转换效率 η 达到 6.63%[170]。Li Juan 等研究者（2013）成功制备了基于羟乙基以及酯化修饰的咪唑鎓碘化盐固态电解质，并应用于纳米晶太阳能电池，在 AM1.5 模拟光照下，该结构纳米晶太阳能电池的光电转换效率 η 达到 7.45%[171]。

5. 对电极

对电极是纳米晶太阳能电池构造中一个必不可少的构件，同时是影响纳米晶太阳能电池光电性能的一个重要因素，我国在纳米晶太阳能电池对电极核心技术方面也取得了显著的成果。Li 等研究者（20008）以廉价的、纳米尺寸约为 100nm 的介孔聚苯胺为对电极，并与基于 I^-/I_3^- 氧化还原电对的电解液组装纳米晶太阳能电池，经检测发现，该结构纳米晶太阳能电池光电转换效率 η 达到 7.15%[172]。Zhu 等研究者（2011）以碳纳米管作为对电极，组装纳米晶太阳能电池，在 AM1.5 模拟光照下，该结构纳米晶太阳能电池的光电转换效率 η 达到 7.03%[173]。Sun 等研究者（2011）[174]、Wang 等研究者（2010）[175]、Lin 等研究者（2011）[176]等各研究团队分别以 NiS、TiN、Nb_2O_5 和 NbO_2 为对电极应用于纳米晶太阳能电池，其电池表现出了良好的光电性能。Gong 等研究者（2012）采用低温水热方法合成了 $Co_{0.85}Se$ 以及 $Ni_{0.85}Se$，并作为对电极应用于纳米晶太阳能电池，经研究发现，$Co_{0.85}Se$ 基纳米晶太阳能电池表现出了良好的光电性能，其光电转换效率 η 可达到 9.40%，高于在同等条件下 Pt 基纳米晶太阳能电池的光电转换效率 8.64%[177]。丁雨田等研究者（2014）制备了聚苯胺/石墨复合对电极，并应用于纳米晶太阳能电池，研究发现，当石墨的摩尔分数为 10% 时，该结构纳米晶太阳能电池的光电转换效率达到 8.5%[178]。

由于本节涉及的文献较多，为更突出国内纳米晶太阳能电池核心技术研究进展并便于与国外纳米晶太阳能电池核心技术研究进展进行比较，同时便于其他学者对国内纳米晶太阳能电池核心技术研究进展形成清晰的认识，现将国内纳米晶太阳能电池核心技术以及研究成果进行汇总，如表 3.2 所示：

表 3.2　国内纳米晶太阳能电池核心技术及成果汇总

类别	研究者、研究内容及成果	研究者、研究内容及成果
导电衬底研究进展	肖尧明等人（2009），利用刮涂法制备了 ITO/PEN 柔性导电材料，NPC 的 η 达到 3.4%	赵晓冲（2013），对 ITO/PEN 薄膜表面形貌以及内部颗粒连接性进行了改善，NPC 的 η 有所提高
导电衬底研究进展	汪泳梅（2012）、安阳（2013），对应用于柔性纳米晶太阳能电池的钛基底进行了化学、物理处理，提高了 NPC 光电性能及稳定性	Lv、Wu 等人（2012），制备了金属纤维衬底，NPC 的 η 达到了 7%
纳米半导体薄膜研究进展	朱春奎（2014），以 350nm 的 TiO_2 颗粒为原料通过刮涂法制备了 TiO_2 纳米薄膜，研究发现，TiO_2 纳米薄膜厚度在 12～16um 时，NPC 的光电性能较好	乌凯（2010），采用水热合成法并结合静电自组装法制备了 TiO_2 纳米薄膜，NPC 的 η 最高为 3.43%
纳米半导体薄膜研究进展	庞世红（2010），利用常压化学气相沉积法制备了 TiO_2 纳米薄膜，研究表明氧气、水蒸气含量以及衬底温度、衬底与反应器间的距离等对 TiO_2 纳米薄膜沉积速率的影响	黄嘉（2009）、李淑梅（2010），分别采用磁控—溅射法、溶胶—凝胶法制备了 TiO_2 纳米薄膜，均确定了使 NPC 的 η 达到最优的材料组合
纳米半导体薄膜研究进展	李洁等（2011），利用 DINHOP 以及 CDCA 对 TiO_2 纳米薄膜进行化学处理，DINHOP 较 CDCA 更能明显的提高基于 N719 的 NPC 的 V_{OC}	王丽伟等（2011），分别用 $TiCl_4$、HCl、增加 TiO_2 纳米薄膜散射层等对 TiO_2 纳米薄膜进行物理化学处理，NPC 的光电性能均有改善
纳米半导体薄膜研究进展	李艳等（2014），采用 $Cr(NO_3)_3$ 对 TiO_2 纳米薄膜进行化学修饰，NPC 的 η 提高了 40.4%	李文欣等（2011），制备了 Y_2O_3/ TiO_2 两层核—壳结构，NPC 的 V_{OC} 增大
纳米半导体薄膜研究进展	许贤祺等（2013），制备了 $SrCO_3$/ TiO_2 两层核—壳结构，NPC 的 η 提高了 38.3%	李国辉等（2015），制备了 $SrTiO_3$/ TiO_2 电极，在 180℃ 全光照下的 NPC 的 η 提高了 24%
纳米半导体薄膜研究进展	许亚龙等（2015），利用 Ti－Si 修饰 TiO_2 纳米薄膜，当 Si 的摩尔分数达到 10% 时 NPC 的 η 达到 7.11%	Wang xin 等人（2009），制备了不同掺杂浓度的 $TiO_{2-X}N_X$，NPC 的 η 明显提高

续表

类别	研究者、研究内容及成果	研究者、研究内容及成果
纳米半导体薄膜研究进展	杨兵初等（2010），在 TiO_2 纳米中掺杂了 W，NPC 的 J_{SC} 以及 η 均明显提高	崔旭梅等（2012），制备了醋酸锌/ TiO_2、ZnO/ TiO_2 双层薄膜，DSSC 的 η 均明显提高且基于醋酸锌/ TiO_2 的 NPC 的 η 较高
	Jiang L 等（2013），在 TiO_2 中掺杂入 Nb，使电子注入效率达到了 91%	王雷等（2013），将硫掺杂于 TiO_2 中，NPC 的 η 明显提高
	魏明灯（2007），制备了 TiO_2 纳米管以及钛酸盐纳米管为光阳极，η 最高分别达到 10%、7.5%	焦星剑等（2011）、罗华明等（2013），均研究了 TiO_2 纳米管长度对基于 TiO_2 纳米管为阳极的纳米晶太阳能电池光电性能的影响，随着 TiO_2 纳米管长度的增加，NPC 的 J_{SC} 以及 η 随之增加
	郭正凯等（2013），TiO_2 纳米管粗糙度是影响基于 TiO_2 纳米管为阳极的 NPC 光电性能的重要因素	葛增娴等（2010），制备了 TiO_2 纳米花薄膜，NPC 的 η 较低
	胡嘉清等（2014），制备了 TiO_2/FTO 纳米片，DSSC 的 η 略高于 P25	那日苏等（2011），制备了 TiO_2 纳米棒，基于罗丹红－B 为染料敏化剂的 NPC 的 V_{OC} 达到 520mV
	丁雨田等（2014），制备了金红石/锐钛矿复合一维 TiO_2 纳米棒，NPC 具有良好的光电性能	张文翔等（2015），制备了 TiO_2 纳米棒/Au@ SiO_2 纳米颗粒/ TiO_2 钝化层结构，DSSC 的 η 较基于单一 TiO_2 纳米棒的 NPC 提高了 60%
	赵旺等（2011），制备了 TiO_2 纳米线/TiO_2 纳米颗粒结构，NPC 的 J_{SC} 以及 η 随着光阳极中 TiO_2 纳米线含量的增加而提高	黄先威等（2012），制备了聚合物 PAN/ TiO_2 杂化纳米纤维、聚合物 PVP/ TiO_2 杂化纳米纤维结构，固态 NPC 的 η 达到液态的 90%
	戴松元等（2005），利用 ZnO 薄膜代替 NPC 中的 TiO_2 薄膜，由于 ZnO 薄膜与染料之间的吸附力较弱，NPC 的 η 较低	陶俊超等（2010）、沈昱婷等（2011）、冯跃军等（2012）、范永梅等（2014），均对纳米 ZnO 结构进行了研究，在一定程度上提高了基于 ZnO 光阳极的 NPC 的光电性能

续表

类别	研究者、研究内容及成果	研究者、研究内容及成果
纳米半导体薄膜研究进展	王璟等（2013）、张凌云等（2014），均对纳米 ZnO 结构进行了掺杂研究，取得了一定的成果	牛正玺等（2015），制备了 SnO_2 纳米花结构，并利用 $TiCl_4$ 对 SnO_2 进行处理，NPC 的 η 提高到 3.95%
	赵天等（2015），制备了 ZnO 纳米线/ SnO_2 纳米颗粒核壳结构，NPC 的 η 较基于单一结构的 ZnO 纳米阵列或 SnO_2 纳米颗粒的 NPC 有极大改善	张林森等（2012），制备了 $ZnWO_4$ 纳米颗粒，DSSC 的 V_{oc} 达到 481mV、J_{sc} 达到 0.114 mA/cm^2、η 达到 0.21%
染料敏化剂研究进展	Bai 等人（2008）、Cao 等人（2009），分别研究制备了 C101、C106 染料，NPC 的 η 分别达到达到 11.1%、11.4%	Zhu 等（2011），制备了基于 D－A－π－A 结构的 WS－2、WS－5 染料，η 分别达到了 8.7%、8.02%
	詹卫伸等（2012），比较了基于有机染料 D－SS 与基于有机染料 D－ST 的 DSSC 的光电性能，基于 D－ST 敏化的 NPC 的 η 较 D－SS 敏化的 η 高	陈喜明等（2014），合成了新型咔唑染料 Dye2，NPC 的光电性能有所提高
	侯丽梅等（2015），设计制备了 9 个 INI 系列染料敏化剂，INI 系列染料敏化剂是一种性能较优良的染料敏化剂	黄晙等（2004），制备了基于 TiO_2/色素/Pt 的 NPC，η 达到了 2.1%、Voc 达到 0.53V、J_{sc} 达到 4.2 mA/cm^2
	刘宝琦等（2006），制备了基于 TiO_2/叶绿素、基于 TiO_2/叶黄素、基于 TiO_2/叶绿素＋叶黄素共敏化的 NPC，基于 TiO_2/叶绿素＋叶黄素共敏化的 NPC 的 η 较其他两类要高	郝洪顺等（2014）、李娜等（2014），从海娜花中、鸭趾草中提出了天然色素，均可作为天然染料敏化剂

续表

类别	研究者、研究内容及成果	研究者、研究内容及成果
电解质研究进展	Bai 等人（2011）、Ming Cheng 等（2012），分别以 Cu^{2+}/Cu^{+}、HQ/BQ 为氧化还原电对，η 分别达到 7.0%、8.4%	陈卓等（2011），对 6 种二元液态电解质进行了研究分析，当碘浓度达到 0.25mol/L 时，NPC 的 η 最高可达 5.20%
	王海等（2013），制备了 EMIB、EMIN 两种离子液体，NPC 的 η 分别达到 2.85%、4.30%	Wang Miao 等（2008），在二元离子液体的基础上制备了准固态电解质，NPC 的 η 达到 6.1%
	Meng 等人（2010）、秦琦等（2010），分别制备了乙腈准固态电解质、聚苯胺/乙炔黑固态电解质，前者 DSSC 的 η 达到 8.18%、后者 NPC 的 η 可达到液态电池的 48%	Yu 等人（2012），在低挥发性的 3－甲氧基丙睛中添加低分子量有机凝胶因子制备了准固态电解质，基于 C105 染料敏化剂的 NPC 的 η 达到了 9.1%
	Jihuai 等（2008），以 N－甲基－4－乙烯基－吡啶碘化物、N－甲基－吡啶碘化物以及碘等化合物制备了聚合物电解质，NPC 的 η 为 5.64%	Wang Hong 等（2012），用脂基对咪唑鎓盐进行修饰，并结合混合 I_2 和 KI 的化合物 1 制备了固态电解质，η 达到 6.63%
对电极研究进展	Li 等（20008）、Zhu 等（2011），分别以纳米尺寸约为 100nm 的介孔聚苯胺、碳纳米管为对电极，η 分别达到 7.15%、7.03%	Sun 等（2011）、Wang 等（2010）、Lin 等（2011），分别以 NiS、TiN、Nb_2O_5 和 NbO_2 为对电极，NPC 表现良好光电性能
	Gong 等人（2012），合成了 $Co_{0.85}Se$ 以及 $Ni_{0.85}Se$ 并作为对电极，$Co_{0.85}Se$ 基 NPC 的 η 达到了 9.40%	丁雨田等（2014），制备了聚苯胺/石墨复合对电极，当石墨的摩尔分数为 10% 时，其电池的 η 达到 8.5%

3.2.2 纳米晶太阳能电池产业化研究进展

纳米晶太阳能电池不仅在纳米晶太阳能电池核心技术方面取得了一定的成果，在产业化方面取得的成果也较为显著。由于纳米晶太阳能电池为新兴产业，各国为抢占市场，均纷纷涉足纳米晶太阳能电池产业化的研发和制造领域，进而为加速纳米晶太阳能电池产业化进程垫底了技术及物质基础。

3.2.2.1 国外纳米晶太阳能电池产业化研究进展

研究发现，欧洲是最早涉足纳米晶太阳能电池技术以及产业化研究的地区。其中，澳大利亚 Dyesol 公司不仅对外出售有关纳米晶太阳能电池组成构件及材料，还涉足纳米晶太阳能电池生产设备的研究，是较早研究纳米晶太阳能电池产业化的公司之一。该公司于 2001 年将纳米晶太阳能电池应用于建筑行业，成功建造了面积约为 $200cm^2$ 的纳米晶太阳能电池示范屋顶，并成功开发了大面积纳米晶太阳能电池在 BIPV 领域的应用，实现了光伏建筑一体化。此外，2011 年，该公司着手开发纳米晶太阳能电池涂层钢项目，试图将纳米晶太阳能电池应用到钢铁产业。瑞士 Solaronix 公司是一家以生产和销售纳米晶太阳能电池材料为主要经营业务的企业，同时该公司对大面积纳米晶太阳能电池组件也有研究，2013 年，该公司开始着手研究彩色纳米晶太阳能电池在 BIPV 中的应用，并取得了一定成果。英国 G24 Innovations Ltd（G24i）公司于 2006 年成立，并于 2007 年建成了生产规模为 20MW/年的 Roll - to - Roll 纳米晶太阳能电池生产中试线，并于 2008 年，将生产规模扩大至 200MW/年，近年，英国 G24i 公司与 Logitech 联合研发了 ipad 纳米晶太阳能电池充电键盘。德国 BASF 公司是较早将纳米晶太阳能电池应用到汽车行业的公司，且成功的研制出了纳米晶太阳能电池组件汽车，展示了纳米晶太阳能电池在汽车行业的应用前景。

美国对于纳米晶太阳能电池的研究相对较少，这主要是由于美国对太阳能电池的研究主要集中于有机基质（OPV）太阳能电池方面且取得了较大的成果，其中成果最为突出的是美国 Konarka 公司，该公司于 2010 年成功的将 OPV 太阳能电池光电转换效率提高到 8.3%，并将 OPV 太阳能电池应用于其他制造业，成功制备了电力塑料，同时该公司在纳米晶太阳能电池产业化方面也取得了一定的成果，成为美国在纳米晶太阳能电池研究方面较具代表性的研究单位。在纳米晶太阳能电池研究方面，该公司主要是对柔性纳米晶太阳能电池进行了研究开发，并成功研制了 roll - to - roll 纳米晶太阳能电池生产工艺，此外该公司也投入大量的人力、物力研究纳米晶太阳能电池光伏一体化，并成功建造了纳米晶太阳能电池 BIPV 示范工程。但由于资金的问题，该公司于2012 年宣布破产，终结了纳米晶太阳能电池产业化的研究。

日本一直是研究纳米晶太阳能电池及产业化行业内的佼佼者，其投入的研发力量以及取得的研究成果，都是其他国家无法比拟的。2013 年，日本 NEDO 新能源综合开发机构协同日本其他具有科研实力的研究所（AIST、NIMS 等研究所）、高校（东京理工大学、东京大学、九州大学、大阪大学等）、企业（Sharp、Sony 等公司）等展开了对纳米晶太阳能电池技术及产业化的研究与开发，彰显了日本对纳米晶太阳能电池产业的重视程度。在研究成果方面，到目前为止，日本夏普（Sharp）和索尼（Sony）公司合作研发的纳米晶太阳能电池模块仍保持着世界纳米晶太阳能电池光电转换效率最高的记录；日本 Sharp 公司于 2006 年成功的研制了面积为 101cm^2、光电转换效率 η 高达 6.3% 的纳米晶太阳能电池，近年，该公司又研究开发了面积为 25cm^2、光电转换效率 η 高达 9.9% 的纳米晶太阳能电池；目前，日本 Sony 公司已成功研究开发了绚丽多彩的纳米晶太阳能电池灯具；2008 年，日本 Peccell Technologies 公司联合 Showa Denko 集团、ZACROS 公司共同开发了 Roll - to - Roll 生产线，用以生产制备大面积柔性纳米晶太阳能电池，并于 2009 年提供样品，该生产线可生产体积为 2.1m * 0.8m * 0.005m，重量为 800g/m^2、室内传输电压为 100V 的纳米晶太阳能电池，这是截止目前为止世界上面积最大且质量最轻的太阳能电池；2012 年，日本写真印刷公司研制开发出了具有艺术图案的纳米晶太阳能电池，并应用于广告牌；此外，日本 Fujikura 公司、日本 Hitachi 公司、日本 Toyota 公司等也纷纷对纳米晶太阳能电池技术及产业化展开了研究与开发，并取得了一定的成果。

韩国也比较重视纳米晶太阳能电池技术及产业化的研究开发，韩国 KIST 研究所、韩国 Hanyang 大学、韩国 Inha 大学、韩国 POSTECH 大学等均积极参与纳米晶太阳能电池的研究开发，并取得了一定的成果。2008 年，韩国京畿道省政府、韩国 Timo Technology 公司与澳大利亚 Dyesol 公司签订了战略合作协议，并共同成立了 Dyesol - Timo 合资公司，进行纳米晶太阳能电池的中试以及产业化研究，近年，该公司将纳米晶太阳能电池应用于建筑行业，研究开发

BIPV 光伏建筑一体化。此外，韩国 Dongjin Semichen Co. Ltd 公司在纳米晶太阳能电池光伏建筑一体化（BIPV）研究开发方面取得了一定的成果，成为韩国在研究纳米晶太阳能电池方面较具代表性的公司。

3.2.2.2 国内纳米晶太阳能电池产业化研究

我国为抢占纳米晶太阳能电池技术制高点，各科研所、高校，如中国科学等离子体物理研究所（IPP）、中国科学院长春应用化学研究所（CIAC）、北京大学、清华大学、东南大学等也积极致力于纳米晶太阳能电池的研究开发，并取得了一定的成果。2006 年，IPP 研究所成功研制了面积为 $300cm^2$ 及 $2400cm^2$、且光电转换效率 η 高达 6% 的纳米晶太阳能电池组件，并建立了 500W 小规模的示范电站。2008 年，该研究所又成功的研制了面积为 45cm * 80 cm、光电转换效率 η 高达 5.9% 的纳米晶太阳能电池，此外该研究所联合铜陵中科聚鑫太阳能科技有限责任公司开展纳米晶太阳能电池的中试项目。2013 年，中科院合肥物质科学研究院戴松元研究院主持的“染料敏化太阳电池中试技术研究”项目的实施，建立了 0.5 兆瓦玻璃衬底纳米晶太阳能电池生产线，并在中试基地建立了 5 千瓦纳米晶太阳能电池示范电站。营口奥匹维特新能源科技有限公司（OPV Tech Co. Ltd）于 2010 年成立，是全球首家能同时驾驭柔性及刚性纳米晶太阳能电池技术并投入大规模工业化生产的企业，此外，近年该公司为克服纳米晶太阳能电池不透明以及色彩单调的问题，将中国富有特色的图案如青花瓷、熊猫等图案引入纳米晶太阳能电池，既解决了纳米晶太阳能电池不透明的问题，同时能够使纳米晶太阳能电池绚丽多彩。另外，该公司还建立了小规模纳米晶太阳能电池示范工程，并成功研制了移动电源等小型数码家电产品。青岛黑金热工能源有限公司于 2012 年成立，该公司与清华大学合作，也展开了对纳米晶太阳能电池及产业化的研究、开发。

3.3 河北省纳米晶太阳能电池研究进展以及国内外研究对河北省的启发

3.3.1 河北省纳米晶太阳能电池研究进展

河北省在纳米晶太阳能电池研究方面较国外以及我国其他省市区来说相对不足，其技术主要集中于纳米半导体制备、结构设计方面，染料敏化剂方面，电解质方面，对电极方面等，且取得的研究成果较不显著。在纳米半导体制备、结构设计方面，河北省保定市中国乐凯胶片集团公司李保民等（2011）采用 TiO_2 粘结剂以及溶胶，通过研磨技术制备了分散均匀的 TiO_2 浆料，然后通过涂抹技术制备了 TiO_2 薄膜并作为光阳极应用于纳米晶太阳能电池，研究表明，TiO_2 粉末与粘结剂质量之比为 4：3 时，制备的 TiO_2 薄膜厚度约为 20um，且纳米晶太阳能电池表现出良好的光电特性，光电转换效率 η 达到了 2.51%[179]；景德镇陶瓷学院王艳香等研究者（2014）利用阳极氧化法制备了 TiO_2 纳米管并应用于纳米晶太阳能电池，经研究发现，当用水以及 TiO_2 纳米管直径分别为 2.60um、70nm 时，电池的光电转换效率 η 达到 2.45%[180]。此外，该研究团队（2015）在 TiO_2 中掺杂 ZnO 粉末。成功制备了基于 ZnO/TiO_2 复合光阳极的纳米晶太阳能电池，并与基于纳米 TiO_2 为光阳极的纳米晶太阳能电池进行比较，研究发现，当复合光阳极中 ZnO 成分达到 2wt% 时，纳米晶太阳能电池的光电转换效率 η 可高达 9.54%，而同等条件下纯 TiO_2 基纳米晶太阳能电池光电转换效率 η 仅为 7.95%，光电转换效率 η 提高了 20%[181]；河北大学赵晋津等与石家庄铁道大学麦耀华（2014）成功制备了 $TiO_2@CuInS_2$ 纳米颗粒并应用于纳米晶太阳能电池，经检测发现，$TiO_2@CuInS_2$ 纳米颗粒基纳米晶太阳能电池表现出良好的光电性能[182]。在染料敏化剂方面，燕山大学田亮（2014）在螺旋藻中提取了大量的色素蛋白，并作为染料敏化剂应用于纳米晶太阳能电池，经 I—V 测试发现，其短路电流 J_{SC} 可达到 70uA[183]；河北师范大学王宝（2014）合成了两种具有 D－D－n－A 吲哚结构的 WBS－1T、WBS－1F 染料敏化剂，并分别应用于离子液态纳米晶太阳能电池，经检测发现，以 WBS－1F 吲哚物为染料敏化剂制备的离子液态纳米晶太阳能电池光电转换效率 η 达到 8.03%，表现出较好的光电性能；此外，该电池具有较好的稳定性，正常工作 1000h 后，其光电转换效率仍能达到 7.60%[184]。在电解质研究方面，河北工业大学刘广陆（2007）在乙醇和丙酮溶剂中加入聚偏氟乙烯凝胶剂，制备了准固态电解质，并演示了以此为电解质组装纳米晶太阳能电池的过程；此外，他优化了聚偏氟乙烯/KI＋I2 体系的准固态电解质成分并应用于纳米晶太阳能电池，其光电转换效率 η 达到 2.43%[185]。在对电极研究方面，河北工业大学常建立等与天津职业大学任铁真（2014）合作采用水合肼还原法和紫外光还原法制备了石墨烯包裹 P25，并作为对电极应用于纳米晶太阳能电池，经研究发现，采用水合肼还原法制备的石墨烯能够表现良好的光电性能[186]。河北省在纳米晶太阳能电池核心技术方面取得了一定的成果，现将河北省纳米晶太阳能电池核心技术及研究成果汇总如表 3.3 所示：

表 3.3　河北省纳米晶太阳能电池核心技术及成果汇总

类别	研究者、研究内容及成果	研究者、研究内容及成果
纳米半导体研究进展	中国乐凯胶片集团公司李保民等（2011），通过涂抹技术制备了 TiO_2 薄膜，TiO_2 粉末与粘结剂质量之比为 4：3 时、制备的 TiO_2 薄膜厚度约为 20um 时 NPC 的 η 达到 2.51%	景德镇陶瓷学院王艳香等（2014），利用阳极氧化法制备了 TiO_2 纳米管，当用水以及 TiO_2 纳米管直径分别为 2.60um、70nm 时 NPC 的 η 达到 2.45%
	景德镇陶瓷学院王艳香等（2015），制备了 ZnO/ TiO_2 光阳极，基于光阳极掺杂 2wt% ZnO 的 NPC 的 η 达到 9.54%	河北大学赵晋津等与石家庄铁道大学麦耀华（2014），制备了 TiO_2@$CuInS_2$ 纳米颗粒，NPC 表现出良好的光电性能
染料敏化剂研究进展	燕山大学田亮（2014），在螺旋藻中提取了大量的色素蛋白，NPC 的 J_{SC} 可达到 70uA	河北师范大学王宝（2014），合成了两种具有 D－D－n－A 吲哚结构的 WBS－1T、WBS－1F 染料敏化剂，基于 WBS－1F 染料敏化剂的 NPC 的 η 达到 8.03%
电解质研究进展	河北工业大学刘广陆（2007），在乙醇和丙酮溶剂中加入聚偏氟乙烯凝胶剂制备了准固态电解质并详细介绍以此为电解质组装 NPC 的过程	河北工业大学刘广陆（2007），对聚偏氟乙烯/KI＋I2 体系的准固态电解质进行成分优化处理，NPC 的 η 达到 2.43%
对电极研究进展	河北工业大学常建立等与天津职业大学任铁真（2014），采用水合肼还原法和紫外光还原法制备了石墨烯包裹 P25 并作为对电极，NPC 的表现出良好的光电性能	

由于河北省是重要的硅基太阳能电池研发基地，且在硅基太阳能电池产业化方面已形成了一定的规模，因此河北省绝大部分新能源公司主要研发力量、生产力量都集中于硅基太阳能电池，且希望不断扩大硅基太阳能电池的生产规

模，只有极少数的新能源公司研究开发纳米晶太阳能电池，其中在产业化方面有突破性成果的是汉光重工有限责任公司。汉光重工有限公司把纳米晶太阳能电池面积从 $2\times2cm^2$、$5\times5\ cm^2$、$15\times15\ cm^2$ 提高到了 $80\times72\ cm^2$，且经过测验，这种大面积的纳米晶太阳能电池的光电性能以及稳定性均已达到可产业化的标准。此外，该公司与中科研化学研究所合作开办了汉光太阳能研究所，到目前为止，汉光太阳能研究所已掌握纳米晶太阳能电池的核心技术以及生产工艺，具备了小批量生产能力。

3.3.2 国内外研究对河北省的启发

通过对国内外有关纳米晶太阳能电池核心技术及产业化研究进展进行研究发现：国外无论在纳米晶太阳能电池核心技术方面还是产业化方面均取得了一定的成果；我国在纳米晶太阳能电池核心技术方面也取得了显著成果，但在纳米晶太阳能电池产业化方面较国外来说相对不足。

通过对河北省有关纳米晶太阳能电池技术研究进展进行研究发现：河北省在纳米晶太阳能电池核心技术方面相对不足，一方面主要体现在对各方面核心技术的研究开发较少，其研究开发的纳米晶太阳能电池核心技术主要集中于导电衬底材料、纳米半导体材料及结构、染料敏化剂材料、电解质材料、对电极材料等，河北省在导电衬底材料方面并未展开研究，在其他方面也涉足较少；另一方面体现在其研究制备的纳米晶太阳能电池的光电转换效率明显偏低，多在2.5%左右，尽管其研究制备的纳米晶太阳能电池的最高光电转换效率达到了9.54%，但与国外以及国内其他省市区制备的纳米晶太阳能电池的光电转换效率仍存在一定的差距。

本书通过研究国内外以及河北省在纳米晶太阳能电池产业化方面的研究进展，发现河北省在纳米晶太阳能电池产业化方面与国外以及国内其他省市区相比还存在一定的差距。一方面体现在参与研究开发的新能源公司较少，河北省作为重要的硅基太阳能电池基地，绝大部分新能源公司较注重硅基太阳能电池的研究、开发、生产，而为降低投资风险很少参与纳米晶太阳能电池的研究、开发，目前，参与纳米晶太阳能电池产业化且作出突出贡献的新能源公司仅汉光重工有限公司以及汉光太阳能电池研究所。另一个方面，在产业化方面取得的成果不显著，河北省虽已能制备出面积为 $80\times72cm^2$ 的纳米晶太阳能电池，但其并未在柔性纳米晶太阳能电池开发制备、纳米晶太阳能电池 BIPV 一体化、纳米晶太阳能电池示范电站建造等方面深入研究。

由于纳米晶太阳能电池作为新兴产业还未真正商业化，因此抢占纳米晶太阳能电池市场成为各国、各地区发展光伏产业的重要战略。目前，国外在纳米晶太阳能电池产业化方面较我国取得了显著成果，因此我国应积极致力于纳米晶太阳能电池的产业化，以期在纳米晶太阳能电池市场上占据一定的份额。此外，纳米晶太阳能电池核心技术是纳米晶太阳能电池产业化的重要推动力，我国在纳米晶太阳能电池核心技术方面取得了显著的成果，因此，我国纳米晶太阳能电池产业化发展是有一定基础的、且是能够实现的。河北省作为重要的硅基太阳能电池基地，有一定的科研力量、资金力量，这为研究、开发纳米晶太阳能电池提供了人才、资金后盾，目前我国在纳米晶太阳能电池产业化方面相对研究不足，这为河北省抢占国内纳米晶太阳能电池市场提供了条件，而目前河北省并未真正意识到纳米晶太阳能电池的未来发展前景，对其重视程度不够，致使其在纳米晶太阳能电池核心技术、以及产业化方面与国外以及国内其他省市区都存在一定的差距，因此，河北省应采取有效的措施促进纳米晶太阳能电池核心技术的研发、加快纳米晶太阳能电池产业化进程。

第四章　河北省纳米晶太阳能电池技术创新路线图要素分析

目前，纳米晶太阳能电池产业还处于中试阶段并未商业化，此外河北省在纳米晶太阳能电池核心技术方面的研究相对较少，因此，在分析河北省纳米晶太阳能电池技术创新路线图要素时较为困难。本课题通过向河北省太阳能电池企业、河北省高校科研机构、河北省科研院所等发放调查问卷并结合目前纳米晶太阳能电池技术存在的问题等对河北省纳米晶太阳能电池技术创新路线图要素进行分析。此外，技术创新路线图作为未来可视化工具，应进行划期分析，但是由于纳米晶太阳能电池还未产业化，近期研究纳米晶太阳能电池的目标应为实现其产业化，故近期对其的研究重点应集中于促进其产业化方面的研究，因此本书对河北省纳米晶太阳能电池技术创新路线图并未划期研究，而是以近期五年内以实现纳米晶太阳能电池产业化为目的绘制河北省纳米晶太阳能电池技术创新路线图。

4.1　河北省纳米晶太阳能电池市场需求分析

4.1.1　河北省纳米晶太阳能电池 SWOT 分析

通过分析河北省纳米晶太阳能电池的优势（S）、劣势（W）、机遇（0）、挑战（T）等，能够对河北省未来纳米晶太阳能电池产业的发展前景以及未来河北省努力方向有一定的认识，进而为河北省开展纳米晶太阳能电池市场提供战略指导。河北省通过把握国家对纳米晶太阳能电池产业重视的机遇，以及中欧光伏“双反”协议的达成，充分利用河北省区位、产业基础、政府支持等方面的优势，并加强与国外及其他省市区的研发合作、交流，引进先进技术、科研人才，鼓励高等院校以及部分光伏企业积极参与纳米晶太阳能电池的科技研发等，未来河北省将有望在纳米晶太阳能电池市场上占据一定的份额。SWOT分析矩阵如下表4.1所示。

表4.1　河北省纳米晶太阳能电池SWOT分析

内部因素 外部因素	优势（S）： 1. 区位优越； 2. 太阳能电池产业基础好； 3. 政府支持。	劣势（W）： 1. 商业化原料与辅料国产化程度低； 2. 设备国产化程度低； 3. 高等院校科研参与度低。
机遇（O）： 1. 国家支持新能源开发； 2. 国际重视NPC太阳能电池产业化研究； 3. 中欧光伏达成“双反”协议。	SO战略：把握机遇，发挥优势 1. 发挥河北省区位优势，在现有太阳能电池产业基础上，充分利用省政府的政策支持，迅速展开对NPC电池的产业化研究 2. 把握中欧光伏双反和平解决的机遇，将NPC太阳能电池推向国际市场。	WO战略：把握机遇，减少劣势： 利用国家对新能源开发以及NPC产业的重视程度，鼓励高等院校参与NPC太阳能电池的研究与开发，尽快实现NPC太阳能电池原料及辅料和设备的自主研究。
挑战（T）： 国外NPC技术研究起步较早，相对国内较成熟； 省外竞争激烈； NPC太阳能电池产业研发起步困难；	ST战略：利用优势，抵御挑战： 1. 利用河北省的区位优势以及产业基础优势，加强与国外及省外的科研合作与技术交流，以促进河北省纳米晶太阳能电池产业化进程； 2. 充分利用政府的支持，鼓励河北省有关太阳能电池企业研究开发NPC太阳能电池，以加快NPC太阳能电池的研究与开发。	WT战略：较少劣势，迎接挑战： 1. 鼓励高等院校、部分太阳能电池企业，积极参与NPC太阳能电池的研究开发； 2. 加强NPC太阳能电池基础研究，加强产业化建设； 3. 加强与国际及省外协作，建立NPC科研合作交流网络； 4. 加强NPC自主研发，提升NPC太阳能电池国产化程度。

1. 产业优势

（1）区位优势。河北省所处区位较优越，为纳米晶太阳能电池产业化的发展提供了优势。河北省是我国具有邻省市最多的一个省，与北京、天津、山东、河南、内蒙古自治区、辽宁、山西等七省市相邻、接壤，并外环渤海，这样的区位优势，一方面，有利于河北省开拓纳米晶太阳能电池市场。除内蒙古自治区外，其他省市区的平原面积均占本省市区总面积的30%以上，日照充足，太阳能资源相对较丰富，六省市平原面积比例以及年平均太阳能资源情况见表4.2所示。由于临边省市区的地形特点以及太阳能资源的丰富，为河北省纳米晶太阳能电池提供了市场，此外河北省外环渤海，水路运输较为便利，利于河北省开拓国际市场；另一方面，可使其他相邻省市区的科技人才不断注入河北省，壮大河北省科技研发力量；此外，河北省内环北京和天津，经济以及科学技术相互辐射和渗透，构成了京津冀经济区，随着京津冀协同合作步伐的不断加快，京津冀一体化已成为国家发展的重要战略，三省市相互融合、互为支撑、共同发展的格局逐步形成，这样的格局能够为河北省研发纳米晶太阳能电池提供经济以及科研支持。

表4.2　河北相邻六省市平原面积比例及平均年太阳能资源

省市	总面积（万平方公里）	平原面积（万平方公里）	平原面积比例（%）	平均年太阳能总辐射量（MJ/㎡）
河北	18.85	8.1459	43.4	5008.89
北京	1.6411	0.6339	38.6	5620.01
天津	1.1946	1.1110	93	5260.11
山东	15.8	8.69	55	4942.225
河南	16.7	9.3	55.7	4929.68
山西	15.67	9.12	58.2	5691.07
辽宁	14.8	4.87	33.4	4985.905

注：数据来自于国土统计局以及气象统计局

（2）光伏产业基础较好。河北省是我国光伏大省之一，无论是在太阳能电池产量、出口额等方面均在我国处于领先地位。在太阳能电池产量方面：2012年，河北省太阳能电池产量高达332.13万千瓦，仅次于江苏、江西两省，位居我国第三。见表4.3所示。2013年，由于我国受欧盟“双反”影响较大，绝大部分省市区的太阳能电池产量均出现了大幅下滑，而河北省在行业危机中逆市而上，其产量达到339.3万千瓦，实现了0.5%的同比增长率。在太阳能电池出口方面：由于受欧盟“双反”影响，2012年至2013年，我国太阳能电池国际市场处于低谷状态，2013年底，中欧光伏“双反”协议的达成，使我国2014年光伏行业的国际市场出现回暖现象，据2014年上半年全球光伏出口额统计显示，2014 年上半年河北省太阳能电池出口额高达 6 亿美元，仅次于江苏、浙江两省，位居我国第三。

表 4.3　2012 年中国太阳能电池产量统计表

省市区	太阳能电池产量（万千瓦）	排名
江西	489.5169	1
江苏	471.4061	2
河北	332.1381	3
浙江	168.8855	4
广西	150.8160	5
广东	70.5840	6
海南	66.8612	7
四川	62.7429	8
湖北	56.8681	9
河南	42.2555	10
陕西	29.0890	11
北京	26.6168	12
山西	26.2372	13
安徽	25.7684	14
辽宁	16.7382	15
山东	3.7522	16
天津	3.5732	17
内蒙古	3.1357	18
宁夏	1.3336	19
上海	1.0999	20
云南	0.9383	21
湖南	0.0787	22

注：数据来自于国家统计局

（3）政府支持。河北省政府大力支持光伏产业的发展，这为河北省发展纳米晶太阳能电池提供了政策支持。河北省于 2010 ~ 2014 年相继出台了冀［2010］13 号《河北省关于促进光伏产业发展的指导意见》、冀政［2013］83 号《河北省关于进一步促进光伏产业健康发展的指导意见》、冀发改能源

[2014] 877号《关于下达2014年光伏电站项目计划安排的通知》等三个文件，以支持光伏产业发展。在冀[2010] 13号文件中提出了全面贯彻落实国家鼓励光伏产业发展的新能源装备、科技创新平台建设、太阳能建设一体化应用、“金太阳”示范工程、可再生能源电价调整等各项政策措施，精心谋划项目，积极创造条件，争取国家专项资金的政策；在冀发改能源[2013] 83号文件中提出大力发展分布式光伏发电、加快建设光伏电站、切实增强骨干核心企业竞争力、严格控制产能和市场准入、提高行政效率、给予财税支持政策、加大金融政策支持、完善土地鼓励政策、加大电价补贴、强化综合配套措施等十条指导意见，这为河北省发展光伏产业既提供了财政支持以及电力补贴，也有效地规范了光伏市场秩序。在冀发改能源[2014] 877号文件中提出河北省采取下达年度建设计划和备选项目计划两种形式，以促进河北省光伏电站又好又快的发展。河北省政府对光伏产业政策的支持，使纳米晶太阳能电池产业的发展处于优势地位。

2. 产业机遇

(1) 国家支持新能源开发。目前，我国即将面临传统能源短缺的危机。一方面是由于我国对传统能源的过渡依赖。据2014年世界能源统计年鉴，2013年中国煤炭能源消耗占总能源消耗的67.5%，石油消耗占总能量消耗的17.79%，天然气消耗占总能源消耗的5.10%，合计消耗占总能源消耗的90.39%，而其他能源消耗量不足10%。见下图4.1所示。而煤、石油、天然气等属不可再生资源，在地球上这些能源的储存量以及开发量是有限的。另一方面，我国对传统能源的需求不断增加，2013年煤炭的消耗量相比2012年增加了4.0%，石油、天然气等消耗量相比2012年分别增加了3.8%、10.8%。随着对煤炭、石油、天然气等不可再生资源需求量的不断增加，我国即将面临能源短缺危机。同时，传统能源的过度消耗也引起了环境污染问题，依据英国风险评估公司Maplecroft公布的温室气体排放量数据显示，我国每年向大气中排放的CO_2超过60亿万吨，位居世界之首。此外，目前，由环境污染引起的“雾霾”问题已引起了人们的广泛关注，据相关报告显示，中国约超过99%的城市空气质量水平达不到世界卫生组织（WHO）的标准。与此同时，世界上污染最严重的10个城市有7个在中国。因此，国家积极支持新能源的开发。这主要体现在两个方面：新能源装机量方面，据2014年中国经济年鉴统计，

2013年，新能源发电装机量约占电力总装机量的30.9%，较2012年提高了4个百分点；国际合作方面，目前，我国已正式加入国际可再生能源署，与加拿大、英国等国签署谅解备忘或框架协议，与哈沙克斯坦、沙特阿拉伯等国达成太阳能领域合作共识，并与中国台湾、德国、美国、丹麦以及世界银行、亚洲开发银行等国家、地区及组织的可再生能源合作日益深化。

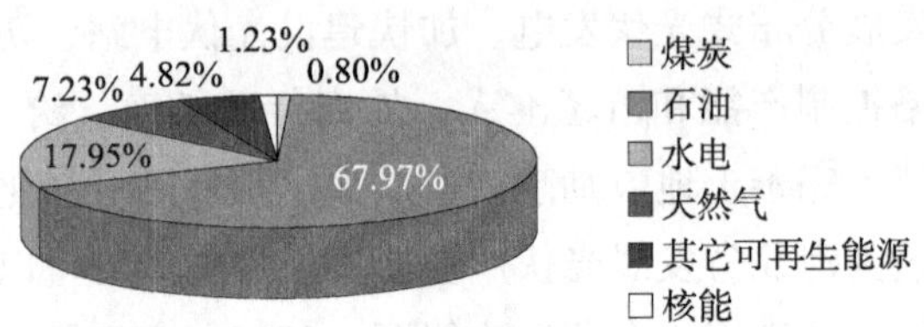

图4.1　2013年中国一次能源消耗比例结构

（2）国际重视纳米晶太阳能电池产业化研究。自光电转换效率为7.1%的纳米晶太阳能电池问世以来，纳米晶太阳能电池的研究开发便一直受到世界各国的青睐。美国Konarka高技术公司、英国G24i公司、日本日立公司、日本夏普公司、日本丰田公司、澳大利亚Dyesol公司等纷纷投资研究纳米晶太阳能电池并致力于纳米晶太阳能电池的商业化研究方面。纳米晶太阳能电池产业作为新兴技术产业，处于研究开发的初期，具有较大的技术开发空间。我国为抢占纳米晶太阳能电池技术制高点以及占据市场领头羊的地位，中国科学院近代物理研究所、化学研究所、长春应用化学研究所等多家大型研究所，复旦大学、吉林大学、上海交通大学、南开大学、清华大学、北京大学、电子科技大学等多家高等院校，以及奇瑞汽车股份有限公司、彩虹集团公司等与光伏有关的公司纷纷加入到纳米晶太阳能电池研究开发的热潮中，并取得了显著的技术成果（见下表4.4所示），推动了我国纳米晶太阳能电池的产业化进程。

表4.4　专利申请数

申请单位		专利申请数量
研究所	中国科学院近代物理研究所	2
	中国科学院化学研究所	2
	中国科学院长春应用化学研究所	2

续表

申请单位		专利申请数量
大学	复旦大学	25
	吉林大学	6
	上海交通大学	5
	南开大学	3
	清华大学	3
	北京大学	3
	电子科技大学	3
公司	彩虹集团公司	6
	奇瑞汽车股份有限公司	4

注：数据是依据国家知识产权局官网整理所得

专利申请数量是自 2004 ~ 2015 年 6 月的统计数据

（3）中欧光伏“双反”和平解决。2012 年 7 月 24 日，以 SolarWorld 为首的欧洲光伏制造商联盟（EUProSun）向欧委会针对我国光伏制造商的倾销行为提出公诉；同年 9 月 25 日，EUProSun 再次向欧盟提出申诉，控诉我国太阳能电池企业获得政府补贴，并要求对我国出口产品征收惩罚性进口关税。欧委会于同年 9 月 6 日、11 月 8 日启动对我国反倾销、反补贴调查，并于 2013 年 6 月 4 日宣布，欧盟将从 6 日起对产自我国的光伏产品征收临时反倾销税，前两个月的税率为 11. 8%，以后将升至 47. 6%，期间平均税率为 37. 2% 至 67. 9%，对此，我国积极与欧盟谈判协商。双方于 2013 年 12 月 5 日最终达成“双反”协议，表明对“价格承诺”的企业不征收双反税。中欧光伏“双反”协议的达成，为纳米晶太阳能电池开展国际市场提供了机遇。

3. 产业挑战

（1）纳米晶太阳能电池基础研究起步较晚。我国对纳米晶太阳能电池技术的基础研究较晚，且研究较集中于纳米晶太阳能电池的材料改良、制备等技术方面，对纳米晶太阳能电池产业化方面研究相对不足。而国外如美国、日本、澳大利亚等国对纳米晶太阳能电池的研究起步较早，基础研究较成熟，在产业化研究方面均取得了一定的成果，目前，美国已建立了 BIPV 建筑一体化示范工程，日本研究开发出了艺术图案纳米晶太阳能电池，澳大利亚建立了面积达 200 m^2 的纳米晶太阳能电池显示屋顶等。这对我国在抢占纳米晶太阳能电池技术制高点、电池出口等方面有一定的压力。

（2）省外竞争激烈：河北省纳米晶太阳能电池行业除受来自于国际市场行业的竞争外，还受到我国国内外其它省市区的竞争。目前，上海、北京、吉林、辽宁等省市区均加大了对纳米晶太阳能电池技术的科技研究与开发，并取得了一定的技术成果，尤其是上海，依据作者本人通过国家知识产权局对我国各省市区在 2004 ~ 2015 年期间申请的有关纳米晶太阳能电池技术专利数进行的统计，上海有关纳米晶太阳能电池技术的专利申请数已高达 37 项，占我国纳米晶太阳能电池技术总专利申请数的 41% 以上，因此省外对河北省纳米晶太阳能电池产业的发展提出了挑战。

（3）纳米晶太阳能电池产业研发起步困难。河北省作为重要的硅基太阳能电池研发基地，其核心技术已较为成熟，同时，在产业化方面也已形成了一定的规模。据统计发现，截止 2014 年底，河北省硅基太阳能电池生产规模已达 6700mw，发电装机容量已高达 30 万千瓦；此外，由于硅基太阳能电池行业的复苏，2014 年，河北省硅基太阳能电池产业实现主营业务收入 257.02 亿元，同比增长 26.99%，实现利润 0.74 亿元，相比去年同期亏损 26 亿元，减少亏损 25.25 亿元。因此，基于上述两个方面的因素，河北省绝大部分光伏企业将会继续研究、开发、生产硅基太阳能电池，甚至可能会扩大其生产规模，而不会将研发重点转移到纳米晶太阳能电池的研究开发方面。纳米晶太阳能电池产业的研发起步面临着挑战。

4. 产业劣势

（1）商业化原料以及辅料的国产化程度相对较低。纳米晶太阳能电池的原料及辅料主要包括透明导电玻璃、透明玻璃、染料、纳米晶薄膜、密封材料等，其中，透明玻璃、导电玻璃以及封装材料 PVB 目前已实现商业化。其中透明玻璃已经实现了国产化，质量能够满足太阳能电池要求，而导电玻璃以及封装材料 PVB 未实现真正国产化，产品主要依赖于进口。日本 NSG 公司和美国 AFG 公司是我国主要的导电玻璃进口渠道；封装材料 PVB 进口公司主要有美国 Solutia 公司、美国 DuPont 公司以及德国 Kuraray 公司等。

（2）设备国产化程度低。在纳米晶太阳能生产制备过程中所需的设备主要有薄膜制备设备、激光划刻设备、全自动清洗设备等，其中全自动清洗设备已经实现了国产化，且国产化性能能够满足太阳能电池需求，而激光划刻设备国产化产品性能较差，目前还主要依赖于国际品牌，如 Spectra—Physics、Coherent、Trumpf 以及 Rofin 等。目前纳米晶太阳能电池纳米晶薄膜制备工艺并未达成统一标准，但无论采用哪种制备工艺其所使用的设备国产化性能都远低于国外设备性能，对于目前我国实验开发纳米晶太阳能电池所需的薄膜制备设备多来自于美国、日本、德国、澳大利亚等国。

（3）企业以及高等院校科研开发参与度相对较低。依据作者本人对 2004 年 ~2015 年有关纳米晶太阳能电池有关技术专利申请单位进行的分析，发现河北省企业及高校的专利申请数量均为 0；而上海高校合计申请纳米晶太阳能电池技术的专利数高达 35 项，企业申请专利也有两项；北京高校合计申请的相关纳米晶太阳能电池技术专利数高达 8 项。此外，依据河北省纳米晶太阳能电池研究进展发现，纳米晶太阳能电池核心技术的研究主要集中于燕山大学、景德镇陶瓷学院、河北工业大学等，且这些高校在各纳米晶太阳能电池核心技术方面涉足较少；且在纳米晶太阳能电池产业化方面取得显著成果的新能源公司仅有河北汉光重工有限公司。这表明河北省企业及高校参与纳米晶太阳能电池技术研究开发的积极性较低，参与度较低，这使得河北省纳米晶太阳能电池产业进程处于劣势地位。

4.1.2 河北省纳米晶太阳能电池市场需求要素分析

4.1.2.1 河北省纳米晶太阳能电池市场需求要素的确定

因纳米晶太阳能电池为新兴技术产业，在世界各国并未商业化，特别是河北省，对纳米晶太阳能电池的认识以及基础研究都较少，在对河北省纳米晶太阳能电池进行市场需求分析时较为困难，因此，为解决这一问题，作者本人向河北省太阳能电池企业、河北省高校科研机构、河北省科研院所等共计发放 100 份问卷，收回有效问卷 90 份，回收率高达 90%。作者本人针对问卷调查的每一项需求要素的重要程度进行了统计分析，统计结果见表 4.5 所示：

表 4.5　市场需求要素统计结果

序号	问卷中所涉市场需求要素	统计结果（%）				
		极重要	重要	一般	不重要	极不重要
1	高转换效率	86%	10%	4%	0	0
2	低发电成本	83%	11%	6%	0	0
3	便携式	10%	28%	36%	12%	14%
4	蓄电能力强	36%	52%	12%	0	0
5	稳定性好	56%	23%	21%	0	0
6	弱光效应好	40%	52%	8%	0	0
7	寿命长	59%	30%	8%	3%	0
8	产品多样性	62%	27%	7%	4%	0
9	放电速率高	31%	43%	20%	4%	2%
10	环境友好型	54%	30%	10%	6%	0
11	外形美观	13%	18%	24%	29%	16%
12	颜色多样	17%	20%	23%	30%	10%
13	高可靠性	64%	19%	9%	6%	2%
14	发电损耗低	30%	18%	41%	8%	3%

通过统计分析发现，其中下列七项市场需求要素被认为很重要的比例占到了50%以上：高转换效率、低制造成本、稳定性好、寿命长、产品多样性、环境友好型、高可靠性等市场要素，因此本书认为这七项应为河北省纳米晶太阳能电池市场需求要素。如下表4.6所示。

表 4.6　市场需求要素

序号	市场要素	边界范围
1	高转换效率	制备工艺、原料与辅料
2	低发电成本	设备性能、原料与辅料、制备工艺
3	稳定性好	原料与辅料
4	寿命长	原料与辅料
5	产品多样性	制备工艺
6	环境友好型	设备性能
7	高可靠性	原料与辅料、制备工艺

4.1.2.2　河北省纳米晶太阳能电池市场需求要素的分析

为进一步了解河北省纳米晶太阳能电池市场需求要素，本书从市场应用领域以及市场需求趋势两个角度进行了研究，进一步表明了这些市场需求要素的必要性。

1. 市场应用领域

纳米晶太阳能电池的市场主要有三种：小规模离网发电站、大规模分布式并网系统以及光伏消费品。离网发电是指采用区域独立发电、分户独立发电的离网供电模式，主要应用于电不稳定或难以支付电力费用的偏远地区，也可应用到无人居住的地区，如通信中转站、太阳能电池水泵及诊所等。并网发电是指发电时并入供电电网运行，缓解公用电网用电压力。分布式并网发电多应用于屋外立面，或屋顶，集成到并网光伏系统中，代替部分建筑元素，实现与建筑的有效结合，降低了房屋的建设费用。德国、日本以及美国于20世纪90年代末先后启动了光伏屋顶设计项目，经过近20年的发展，BIPV一体化设计以及工程技术已日趋成熟。欧美国家为进一步缓解供电压力、鼓励普通光伏电网用户利用光伏供电，在分布式光伏发电的调控管理技术方面进行了深入研究，开发出了光伏调峰电力模块等设备。我国也积极出台相应的政策以支持分布式并网系统技术与项目的研究与开发，我国国家电网公司规定，自2012年11月起，对适用范围内的分布式光伏发电项目提供系统接入方案制订、并网检测、调试等全过程服务，不收取费用。同时，对于分布式发电项目所发的富余电量，国家电网公司将按照有关政策规定全额收购。河北省发展和改革委员会于2015年下达了关于2015年光伏发电并网补贴计划的通知，指出河北省并网补贴计划共安排项目59个、120万千瓦，其中计划安排6个光伏扶贫试点县（平山、平泉、曲阳、赤城、临城、巨鹿）项目16个、40.5万千瓦；安排列入去年计划，已建成并网项目12个、24.18万千瓦；安排列入去年省建设计划、现已完成工程量50%以上、今年上半年能够建成投资的项目16个、35万千瓦，按备案规模50%容量进行安装；安排讲诚信、业绩好、省里给予表彰的企业以及战略合作企业项目15个、20.32万千瓦。这些政策充分表明，河北省政府大力支持光伏并网项目的研究、开发，未来纳米晶太阳能电池可应用于光伏并网系统。光伏消费品涉及的范围比较广，小到太阳能计算器、大到太阳能汽车以及太阳能路灯等，都属于光伏消费品的范畴，它们需要的平均功率为几毫瓦到1000W，在未来的几十年里可能会形成几十亿个系统的市场容量，因此未来纳米晶太阳能电池可应用于光伏消费品领域。

纳米晶太阳能电池应用在离网或并网发电系统上时属户外应用，要求光电转换效率需达到10%以上，同时应具有性能较稳定、寿命较长，组件具有高耐候性等特性。另外，纳米晶太阳能电池还可应用于通信设备以及钟表、计算器等、汽车等产业，当纳米晶太阳能电池应用于通信设备时，其光电转换效率需达到20%以上，应用于汽车时，不仅需要高的转换效率还需要柔性，对于应用于室内钟表、计算器等时，纳米晶太阳能电池需具有良好的弱光效应。

针对纳米晶太阳能电池户外及室内应用性能要求的特点以及应用领域的不同，其需在光电转换效率、长期稳定性、寿命、产品多样化等方面进一步改善。

2. 市场需求趋势

降低太阳能电池发电成本是太阳能电池企业以及电池集成企业的目标，同时也是消费者未来的消费需求趋势。目前光伏的发电成本为1.5元~2.5元/（KW.h），而常规火力的发电成本仅为0.3元/（KW.h），其每瓦发电成本相差约为1.2元~2.2元，未来有效降低光伏发电成本将成为市场的一个需求趋势。为扩大纳米晶太阳能电池市场份额，提高其竞争优势，应顺应市场需求趋势，降低其发电成本，从而使纳米晶太阳能电池发电成本较常规火力发电成本或其他类型太阳能电池发电成本低或相当。

为促进纳米晶太阳能电池的市场份额，在研究制备纳米晶太阳能电池的同时，也应考虑到纳米晶太阳能电池的回收与再利用。对于目前市场上广泛应用的锂离子电池、镍氢电池等非光伏电池不能循环利用，即使可循环利用，随着循环使用次数的增加，性能也随之下降，此外，此类非光伏废旧电池内蕴含的大量重金属以及废酸、废碱等电解质溶液会给环境、生态等造成威胁。在当前我国环境污染、生态破坏严重的形势下，我国环境、生态保护人士纷纷倡导消费者购买环境友好型产品，环境友好型产品将成为市场消费的趋势，因此，为增加市场份额，纳米晶太阳能电池应迎合市场需求，将太阳能电池设计为环境友好型产品，及时回收再利用。

对于产品品质方面，消费者首要考虑的是产品的安全性、可靠性，纳米晶太阳能电池产品也不例外，而高可靠性的纳米晶太阳能电池组件是纳米晶太阳能电池产品安全性、可靠性的保障，因此市场另一方面的需求趋势是需要高可靠性的电池组件，这主要体现在以下两点：其一，纳米晶太阳能电池组件必须能在极端自然条件下保持正常运行，这主要由于自然界中有可能突发极端天气情况如暴雨、高温、冰雹、寒流等，这就要求电池组件具备耐候性。目前由于环境恶化程度加剧，致使极端天气发生的频率增加，这就对电池组件的耐候性提出了更高的要求；其二，光伏组件在正常运行、维护时应不存在安全隐患，原因在于光伏电站的电压高达1000V，属高危电压，此外，电站的日常维护一般需要水进行清理，因此对光伏组件的安全性提出了更高的要求。

4.2　河北省纳米晶太阳能电池产业目标分析

产业目标是指在制定纳米晶太阳能电池技术创新路线图的过程中，为满足多元化市场需求要素，从制备工艺、设备性能、原料与辅料三大边界范围入手，研究纳米晶太阳能电池产业发展的目标。目前，纳米晶太阳能电池还未商业化，河北省对纳米晶太阳能电池理论基础及技术基础研究起步较晚，但其可充分利用河北省政府对光伏产业的支持政策，鼓励纳米晶太阳能电池相关技术的引进，并增加河北省企业、科研机构以及高校对纳米晶太阳能电池技术的研究与开发，以促进纳米晶太阳能电池的商业化进程。

4.2.1　河北省纳米晶太阳能电池产业目标确定

作者本人在调查河北省纳米晶太阳能电池市场需求的同时，也对纳米晶太阳能电池的产业目标进行了调查，并针对问卷调查的每一项进行了统计分析，统计结果见表4.7所示：

表4.7　产业目标要素统计结果

序号	问卷中所涉及的产业目标要素	统计结果（%）				
		极重要	重要	一般	不重要	极不重要
1	提高光电转换效率	86%	9%	5%	0	0
2	降低材料成本/材料制造成本	81%	13%	6%	0	0
3	降低组件成本/组件制造成本	83%	14%	3%	0	0
4	提高电池蓄电能力	38%	54%	8%	0	0
5	减缓电池衰减	60%	26%	1 4%	0	0

续表

序号	问卷中所涉及的产业目标要素	统计结果（%）				
		极重要	重要	一般	不重要	极不重要
6	制备质量轻、易携带的电池	8%	27%	36%	14%	15%
7	提高电池的弱光效应	41%	51%	8%	0	0
8	实现高效、高透光率组件	60%	29%	6%	5%	0
9	实现柔性组件	60%	30%	7%	3%	0
10	提高电池放电速率	30%	46%	17%	4%	3%
11	纳米晶太阳能电池回收与利用	54%	32%	8%	6%	0
12	制备外形美观的 NPC 太阳能电池	11%	19%	23%	30%	17%
13	颜色多样制备多彩化 NPC 电池	16%	22%	21%	31%	10%
14	提高电池耐候性和安全性	62%	21%	8%	6%	3%
15	降低纳米晶太阳能电池发电损耗	32%	19%	43%	4%	2%

根据统计结果作者本人进一步对极重要统计值占 50% 以上的产业目标要素进行了筛选，其中下列八项产业目标要素的很重要统计值均占到 50% 以上：提高光电转换效率，降低材料、组件成本，减缓电池衰减，实现高效、高透光率组件，实现柔性组件、回收与利用，因此本书认为这八项应为河北省纳米晶太阳能电池产业目标。如下表 4.8 所示。

表 4.8　产业目标要素

序号	产业目标要素
1	提高光电转换效率
2	降低材料/材料制造成本
3	降低组件/组件制造成本
4	减缓电池衰减
5	实现高效、高透光率组件
6	实现柔性组件
7	提高耐候性和安全性
8	纳米晶太阳能电池回收与利用

4.2.2 河北省纳米晶太阳能电池产业目标分析

经过近20年的研究，目前瑞士EPFL研究机构研制的小面积纳米晶太阳能电池光电转换效率稳定在10%～11%左右，但小面积纳米晶太阳能电池可商业化的前提条件是光电转换效率应高达20%；此外，纳米晶太阳能电池的光电转换效率会随着面积的增大而较小，如日本夏普公司研制的面积为5cm×5cm的纳米晶太阳能电池光电转换效率达到9.9%，我国研制的面积为15cm×30cm的纳米晶太阳能电池光电转换效率达到6.2%，纳米晶太阳能电池户外商业化的前提条件是单片面积需达到300平方米以上，且光电转换效率需高于10%。因此，纳米晶太阳能电池无论是在小面积制备上，还是大面积制备上均需提高其光电转换效率。

原材料/辅料成本与原材料/辅料制造成本以及组件成本/组件制造成本是影响纳米晶太阳能电池发电成本的主要因素，目前由于光伏发电成本高达1.5～2.5元/（KW.h），而常规火力发电成本仅为0.3元/（KW.h），国家或政府为鼓励光伏发电均采取补贴政策，从而降低光伏发电成本，但一个产业的发展仅依靠国家或政府的支持才能发展，是不合乎产业发展规律的，同时这样的产业发展空间也是有限的，因此纳米晶太阳能电池产业的发展目标应为降低原材料/辅料成本与原材料/辅料制造成本以及组件成本/组件制造成本，从而使纳米晶太阳能电池的发电成本与常规火力发电成本相当或略高。

稳定性是衡量纳米晶太阳能电池性能状况的一项重要指标，是影响纳米晶太阳能电池性能的重要因素。纳米晶太阳能电池未商业化的一个重要原因是性能稳定性差，因此，河北省纳米晶太阳能电池的一个重要目标就是提高其稳定性。电池衰减是指电池转换效率及组件输出功率经过一段时间后会降低，其是影响太阳能电池稳定性以及寿命的重要因素，因此，为提高纳米晶太阳能电池的稳定性，延长其使用寿命，应减缓电池的衰减。目前，由于单晶硅太阳能电池发展较早，相对其他太阳能电池来说技术较成熟，其寿命可达20年且在市场上已占据一定的市场份额，纳米晶太阳能电池作为新兴技术产业，若想在市场上具有竞争力，其寿命应高达20年以上。

耐候性和安全性是反映纳米晶太阳能电池可靠性的两个方面。目前市场对太阳能电池的可靠性提出了更高的要求，为满足市场需求，纳米晶太阳能电池在投入市场前应进一步改进其耐候性和安全性。

目前，硅基太阳能电池的市场份额占光伏市场85%以上，纳米晶太阳能电池为抢占光伏市场，应扩大纳米晶太阳能电池的应用领域，实现产品的多样化。通过实现透光组件和柔性组件可实现纳米晶太阳能电池的多样化。透光电池组件是指双层玻璃封装的刚性纳米晶太阳能电池，可以根据需要制作不同的透光率。透光组件可以实现与建筑的完美组合，即 BIPV（BuildingIntegrated-Photovoltaics）。该类电池可用来代替玻璃幕墙，一方面能够提供电力并提高建筑物的外观，另方面可有效阻挡外部红外线的进入以及内部热能的散失。有效地避免了现有玻璃幕墙的光污染现象，同时又能节能发电、降低建筑物用料，是未来太阳能电池发展、应用的方向。柔性电池组件是指在薄层可弯曲的不锈钢或聚合物衬底上通过溅射或蒸发等方法制备的纳米晶太阳能电池。此类电池具有功率较大、质量较轻、柔性较好等特性。可应用于航天、军事和户外装备等一些特殊领域，因此，柔性组件的开发应用能够扩大纳米晶太阳能电池的应用领域。

重视产品的节能环保，已经成为国际倡导的主题。纳米晶太阳能电池的回收与再利用，不仅能够降低电池的成本，也可以有效地保护环境。太阳能电池回收与再利用社会体系的构建以及回收与利用技术的研究与开发是一个长期的过程，因此纳米晶太阳能电池的回收与再利用应与产业化发展同步。日本是最早倡导回收太阳能电池并再利用的国家同时也是在太阳能电池回收与利用方面最好的国家，其提倡资源最大化，要求对废旧的太阳能电池进行回收再分解，提炼出可再利用的太阳能电池构件并在制备新的太阳能电池时充分利用这些构件，对于没有再利用价值的构件作为垃圾进行处理。我国对太阳能电池的回收与再利用意识较薄弱，对于已商业化的太阳能电池并未形成完整的回收与再利用系统，因此，纳米晶太阳能电池回收与再利用将是增加市场份额的契机。

4.2.3 产业目标与市场需求关联分析

市场需求要素与产业目标要素关联分析的目的在于获得与市场需求相关联的产业目标。本书是依据实现市场需求要素的途径，确定两者之间关联程度。为满足市场对高转换效率的纳米晶太阳能电池的需求，可采取某些措施如提高原料及辅料的性能、改进制备工艺等提高光电转换效率，由于高效、高透过率组件能够使更多的光能透过组件被染料敏化剂吸收，因此通过实现高效、高透光率组件也可达到高转换效率的目的；通过降低材料、组件成本可满足市场对低制造成本纳米晶太阳能电池的需求，同时，由于柔性组件的衬底材料可以是不锈钢、金属箔片、塑料等，材料成本较低，因而可进一步降低纳米晶太阳能电池的制造成本；实现柔性组件，高效、高透光率组件可扩大纳米晶太阳能电池应用领域，实现产品多样化；减缓电池衰老是延长电池寿命，提高其稳定性的有效手段；耐候性和安全性是影响纳米晶太阳能电池可靠性的两个重要因素，提高耐候性和安全性既能够实现市场对高可靠性太阳能电池的需求也能够延长太阳能电池的寿命；纳米晶太阳能电池的回收与利用是保护环境的有效手段，是实现对环境友好型太阳能电池需求的有效途径。产业目标与市场需求要素的关联性如下表 4.9 所示：

表 4.9　产业目标与市场需求要素的关联性

市场需求要素		高转换效率	低发电成本	稳定性好	寿命长	产品多样性	环境友好型	高可靠性
产业目标要素	提高光电转换效率	高	低	低	低	低	低	低
	降低材料/材料制造成本	低	高	低	低	低	低	低
	降低组件/组件制造成本	低	高	低	低	低	低	低
	减缓电池衰减	低	低	高	高	低	低	低
	实现高效、高透光率组件	高	低	低	低	高	低	低
	实现柔性组件	低	高	低	低	高	低	低
	提高耐候性及安全性	低	低	低	高	低	低	高
	NPC 太阳能电池回收与利用	低	低	低	低	低	高	低

依据产业目标与产业需求的关联性，本书以技术创新路线图绘制边界范围、产业目标、产业需求为基本元素进一步绘制了三者之间的关系，为河北省纳米晶太阳能电池技术创新路线图的绘制奠定了基础，如下图 4.2 所示：

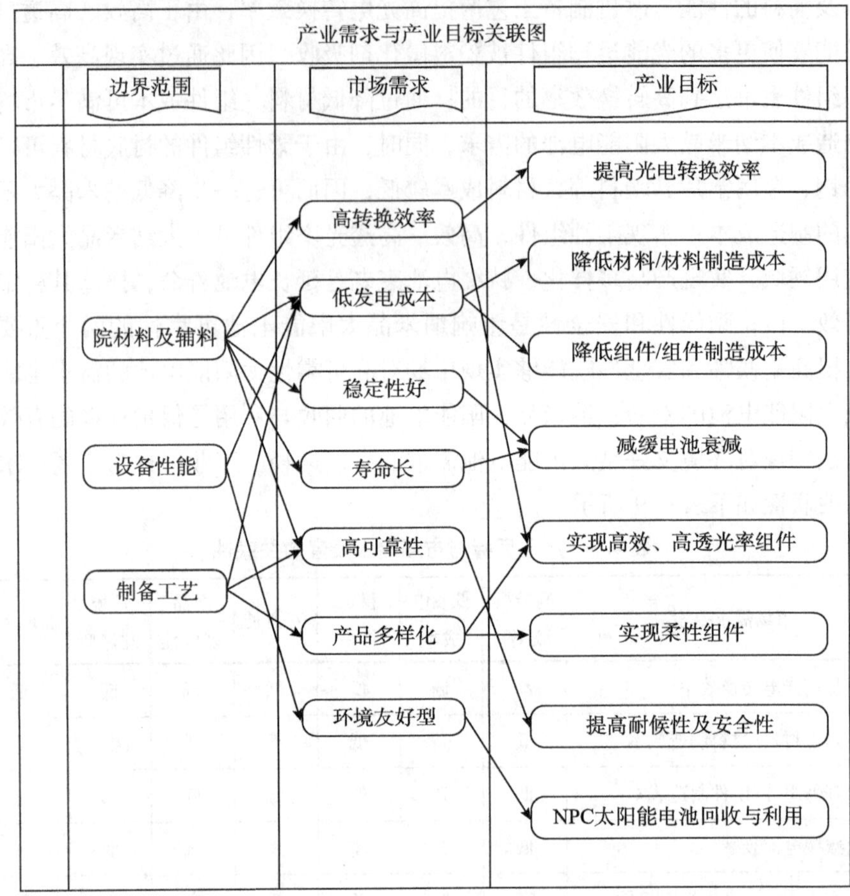

图 4.2　产业需求与产业目标关联图

4.3　河北省纳米晶太阳能电池技术壁垒分析及研发需求分析

技术壁垒分析的目的在于依据产业目标，提出和确定影响产业目标实现的技术壁垒要素，其核心工作是依据当前研究的进展筛选出技术壁垒要素，并通过技术攻克，带动河北省纳米晶太阳能电池的技术升级和产业化进程，从而实现产业目标。研发需求分析的目的是为突破相关技术壁垒所进行的技术研发需求，是未来研究与发展的方向。本书从原材料及辅料、制备工艺、设备性能等三大边界的角度在对河北省纳米晶太阳能电池的技术壁垒进行分析的同时，也提出了下一步的研究方向，即研发需求。

4.3.1 技术壁垒分析及研发需求分析

4.3.1.1 原材料及辅料

1. 导电衬底材料

目前，用作纳米晶太阳能电池导电衬底材料的主要是 TCO 材料，即在导电玻璃表面镀上一层氧化物。较适合做氧化物的主要有 FTO、ITO，由于 ITO 比 FTO 有更高的透光率，因此，在光伏市场上 ITO 是较受欢迎的 TCO 材料，但 ITO 的导电膜电阻会随着烧结温度的增加以及烧结时间的延长而急剧增加，进而影响纳米晶太阳能电池的功率。此外，导电玻璃成本占纳米晶太阳能电池成本的比重较高，且我国导电玻璃主要依赖于进口，其中日本 NSG 和美国 AFG 公司是主要的导电玻璃出口公司。除此之外，导电玻璃还存在脆硬、非柔性的限制。因此，基于此柔性衬底材料是未来导电衬底材料研究、开发的一个方向。

目前，可作为柔性衬底材料的主要有聚合物导电衬底和金属导电衬底。目前研究制备的聚合物导电衬底主要有 PET 和 PEN 聚合物。聚合物衬底的透光性较好，但在高温烧结下易于分解，因此，较适合应用于低温烧结制备纳米晶薄膜的制备工艺上。金属导电衬底具有耐高温、透光率高、可折叠弯曲、低面电阻的特性，适合在同导电玻璃相同的高温下制备纳米晶薄膜的制备工艺。适合做金属衬底材料的主要有不锈钢和钛铂片，其中由于钛铂片表面为 TiO_2，与纳米晶太阳能电池导电层同质，对其性能不存在消积影响，因此钛铂片在金属衬底中最为常用。但金属柔性衬底纳米晶太阳能电池存在太阳光损失的问题，这主要是由于光从背面射入金属柔性衬底纳米晶太阳能电池，经电极及电解质后最终才到达染料敏化剂，致使太阳光至少损失 20%。因此进一步开发新型柔性导电衬底将是未来纳米晶太阳能电池技术研究开发的重点。

2. 纳米粒子和纳米晶薄膜电极

目前，纳米晶太阳能电池普遍应用的半导体纳米粒子主要为纳米 TiO_2，TiO_2 是一种资源较丰富、安全无毒且化学性能较稳定的半导体材料，具有广泛的应用潜力。TiO_2 具有三种晶体结构，板钛矿、锐钛矿和金红石。其中，板钛矿相为不稳定相，易发生相转变且其禁带宽度较窄，仅为 2.36eV，对紫外线的吸收响应程度较低，因此，板钛矿纳米 TiO_2 不适宜作为半导体纳米粒子应用于纳米晶太阳能电池；尽管金红石具有较宽的禁带宽度，高达 3.0eV，但由于其易于发生光腐蚀，亦不适宜作为半导体纳米粒子应用于纳米晶太阳能电池；锐钛矿禁带宽度较前两者宽，高达 3.2eV，具有较高的紫外线响应程度，且不易发生光腐蚀现象，因此，锐钛矿是应用最广泛、性能最好的光阳极纳米薄膜半导体材料。但锐钛矿纳米 TiO_2 表面存在表面态和氧化态，这些位置是发生电子复合的位点，由纳米晶太阳能电池工作原理可知，电子复合会在电池内部产生暗电流，进而影响其的相关性能。此外，氧化态可能对染料产生消极影响，进而影响纳米晶太阳能电池的稳定性。因此，对 TiO_2 纳米结构研究开发以及对非 TiO_2 纳米材料的研究开发成为未来纳米晶太阳能电池研究的重点。

对 TiO_2 纳米结构的研究开发主要集中于以下两点：对 TiO_2 进行掺杂研究以及对 TiO_2 进行形貌研究。在对 TiO_2 进行掺杂研究时，可利用非金属元素如氮（N）、硼（B）、碳（C）、硫（S）等元素以及金属元素锌（Zn）、铝（Al）、钨（W）、铬（Cr）、铌（Nb）、钽（Ta）等元素。这些非金属元素的原子大小与氧元素大小相近，较易填补空位且不会使晶格发生较大形变。非金属元素的掺杂可使晶体的能带变窄，从而使禁带宽度增加，进而使可见光的响应程度增强。这些金属元素可替代钛原子位置，调整 TiO_2 的导带位置，进而抑制电子复合，从而提高纳米晶太阳能电池的光电性能。

在对 TiO_2 形貌研究方面。在纳米晶粒薄膜，尤其是介孔纳米材料中存在大量的晶粒间界，其中的缺陷和悬挂键等界面不完整性起到一个载流子俘获中心的作用，会使电子的扩散范围缩短，电子发生复合的概率增加，进而降低了纳米晶太阳能电池的转换效率。因此改进纳米结构是提高纳米晶太阳能电池光电转换效率的有效方法，同时，也是未来纳米晶太阳能电池研究的一个方向。一维 TiO_2 纳米结构如 TiO_2 结晶纳米线网络、TiO_2 纳米棒阵列、TiO_2 纳米管等由于其生长的有序性，能够减少其中的陷阱态密度，进而能够降低电子发生复合的概率，提高电子注入效率，因此能够改善纳米晶太阳能电池的光电转换效率。TiO_2 纳米复合膜层是指 TiO_2 与其他一种金属氧化物半导体（Al_2O_3、

Nb_2O_5 等）按一定摩尔分数组成的复合纳米结构，这种结构能够增加薄膜的比表面积和孔隙尺寸，增加氧化还原电动势以及开路电压，进而能够提高纳米晶太阳能电池的光电转换效率。TiO_2 核 - 壳纳米结构，是以 TiO_2 为核心，以其他金属氧化物（Al_2O_3、MgO、ZrO_2、In_2O_3）等为壳层而形成的核 - 壳结构。在 TiO_2 核 - 壳纳米结构中，由染料敏化剂吸收光子后产生的电子通过壳层隧穿到半导体的核中，进而进入光电极中，同时，在半导体壳层产生了一个能量势垒，在一定程度上能够抑制敏化染料与电极、以及电极与电解质之间电荷复合。

在非纳米 TiO_2 材料方面。依据目前研究进展发现，世界各国研究者曾将纳米氧化锡（SnO_2）材料、纳米氧化锌（ZnO_2）材料、纳米氧化钨（WO_2）、氧化铌（Nb_2O_5）、氧化锆（ZrO_2）、三元化合物锡酸锌（Zn_2SnO_4）、三元化合物钛酸锶（$SrTiO_3$）作为光阳极半导体材料对纳米晶太阳能电池的性能进行了研究，尽管这些非纳米 TiO_2 在某些方面具有良好的性能，但其作为光阳极材料制备的纳米晶太阳能电池光电转换效率较低，因此研究制备能提高纳米晶太阳能电池光电转换效率的非纳米 TiO_2 材料将是未来纳米晶太阳能电池的研究开发方向。

3. 染料敏化剂

金属染料敏化剂是目前研究最多、应用最广泛的一类敏化剂，其中，N3、N719 等钌的联吡啶络化合物以及黑染料锇的联吡啶络化合物是金属敏化剂中性能最好、最具代表性的染料敏化剂。以其为染料敏化剂制备的纳米晶太阳能电池在单色光光电转换效率、短路电流、开路电压、填充因子、光电转换效率等方面都比较突出。但 N3、N719 在长波范围光吸收能力差，N3 的最大吸收峰值在 518nm 和 380nm 处，N719 的最大吸收峰值在 522nm 和 382nm 处，在波长 600～800nm 的范围内，染料对光的吸收迅速减少，这部分长波范围的光有相当一部分通过太阳能电池没有被充分利用。与 N3、N719 相比，黑染料的吸收光谱向红外方向延伸了 100nm，在光谱波长 920nm 处仍具有光谱响应。但吸收光谱扩展后，由于 HOMO 增加使染料与电解质之间的能级差减小，致使染料由激发态还原到基态的速度下降，或是 LOMO 降低后，致使电子注入 TiO_2 导带的速度下降。此外，N3、N719 和黑染料还存在成本较高以及稳定性较差的问题。由于钌和锇在地壳中含量较少，均属于稀有金属，致使染料的成本较高；由于羧基的亲水性，致使染料高温下易脱落，热稳定差。因此寻找性能较佳的染料敏化剂将是未来纳米晶太阳能电池研究的一个重要方向。

纯有机染料敏化剂具有摩尔消光系数高，分子结构相对简单且易于调整，吸收光波长可调整等特点，同时成本较低，结构可多样化，是未来纳米晶太阳能电池研究的一个重要方向。共敏化染料是采用光谱响应范围互补的染料协同敏化纳米晶太阳能电池的方式。单一染料敏化由于受到光谱响应范围的限制，不能完全响应太阳光谱，而共敏化染料能够扩宽光谱响应范围，使其尽可能延伸至红外光谱，从而能够提高纳米晶太阳能电池的光电转换效率。

4. 电解质

由于电解液具有渗透性好、以此为构件制备的纳米晶太阳能电池光电转换效率高、组成结构易于调整等特点，是目前纳米晶太阳能电池最常应用的电解质。但电解液存在易泄露、封装难、有机溶剂易挥发等问题，严重影响了纳米晶太阳能电池的稳定以及寿命。为改善纳米晶太阳能电池的性能，寻找新的电解质材料将是纳米晶太阳能电池未来研究的一个重要方向。如向电解液中添加高电导率的组分（离子液体）以提高其电导率和填充因子，向电解液中添加高分子溶胶剂制备准固态、固态电解质。

依据目前离子液态电解质的研究进展，基于离子液态电解质的纳米晶太阳能电池的光电转换效率已达到 10%，但离子液态电解质并未真正解决易泄露、难封装的问题。在电解液或离子电解液中添加高分子溶胶剂可制备准固态、固态电解质，准固态电解质纳米晶太阳能电池的光电转换效率接近于液态电解质纳米晶太阳能电池，且电池具有较好的稳定性，可以有效地防止电解质的泄露与挥发。固态电解质纳米晶太阳能电池与液态纳米晶太阳能电池相比，稳定性较好，但电解质与半导体薄膜及对电极之间的电接触很难，且电导率较低，严重影响了纳米晶太阳能电池的性能，其光电转换效率远远低于液态电解质。因此，开发高效的固态电解质是未来纳米晶太阳能电池研究的方向。

5. 密封材料

电极的密封材料主要有环氧树脂、水玻璃、沙林等。其中，由于沙林的低温起封性、出色的热粘强度、最广泛的封合范围等特性，在纳米晶太阳能电池中应用最为广泛，但沙林膜长期在含碘的电解液里易分解，此外沙林膜在80℃左右便会融化。因此，研究开发良好的密封材料是未来纳米晶太阳能电池研究的一个重点。

目前电池组件封装材料主要有EVA/PVB、玻璃/聚合物背板、密封胶、组件边框等，其中除EVA/PVB封装材料外其他均已实现了国产化。由于PVB较EVB有更高的抗穿透性、抗老化性和更好的后断裂性，因此PVB可普遍应用于大面积电池制备。目前，我国国内大规模生产的PVB主要用于建筑幕墙、汽车挡风玻璃、航天航空器的玻璃等，而能应用于太阳能电池的PVB较少，其所需的PVB大部分依靠于进口。进口公司主要是美国的首诺（Solutia）、美国的杜邦（DuPont）以及德国的可乐丽（Kuraray）等，PVB国产化程度低。此外，由于环境恶劣程度加剧以及太阳能电池本身存在衰减性，对其组件封装材料的使用寿命提出了更高的要求。因此为满足市场需求并降低太阳能电池成本，对封装材料的研究主要包括提高PVB材料的国产化，开发具有长寿命性的封装材料。

4.3.1.2　制备工艺及设备性能

纳米晶太阳能电池的制备工艺相对较简单，主要分为三个阶段：反电极制备阶段，TiO_2光阳极制备阶段，电池测试及封装阶段。反电极制备阶段包括：TCO薄膜的制备与沉积，导电玻璃的切割、打孔、清洗、干燥，电极的沉积、烧结、冷却；TiO_2光阳极制备阶段除包括反电极制备阶段包括的制备工艺外还包括以下几个步骤：TiO_2纳米薄膜的制备，密封膜固定，染料浸泡等内容；电池测试及封装阶段包括以下步骤：电极的密封，电解质的灌注，I-V测试，引线焊接，PVB密封，包装等工艺程序。在制备纳米晶太阳能电池时需注意的一点是：电极的沉积，TiO_2纳米薄膜的制备与沉积，染料的浸泡，电池的封装与I-V测试等制备工艺都应在相对洁净的环境里完成，具体洁净度应达到10000级以上。纳米晶太阳能电池生产工艺如下图4.3所示。

目前，纳米晶太阳能电池还未商业化，仍处于中试线到实验开发阶段，这主要是因为除原材料及辅料存在技术壁垒外，在制备工艺及设备性能等方面，还存在一些关键的科学技术问题没有得到真正解决，解决这些科学技术问题将是尽早实现纳米晶太阳能电池商业化的有效途径。

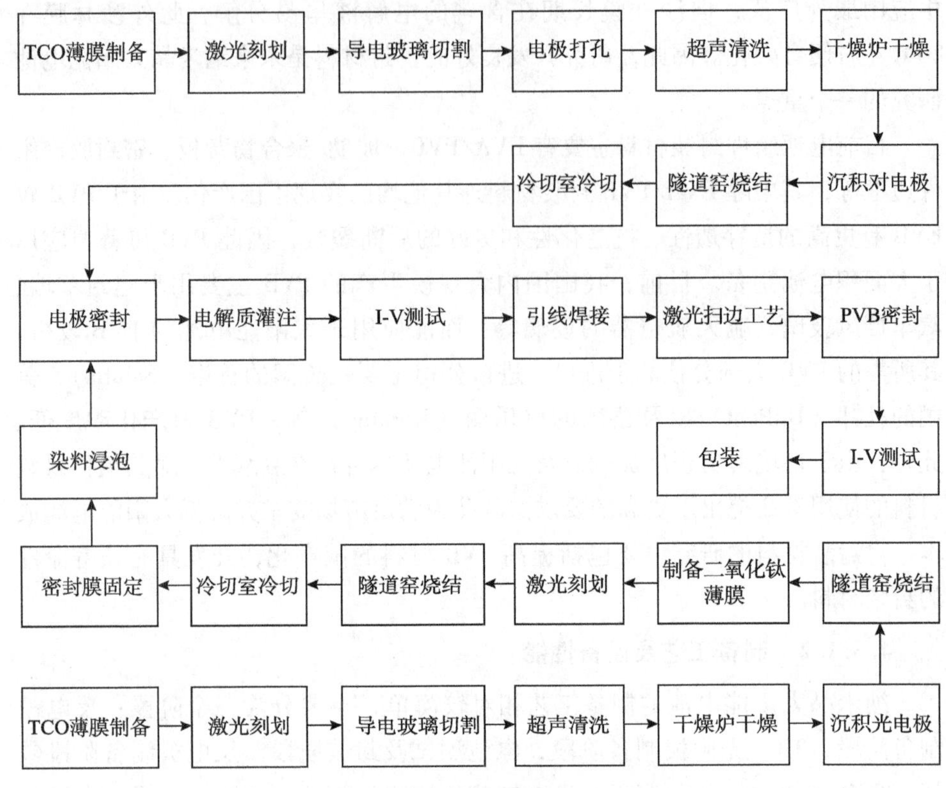

图 4.3　纳米晶太阳能电池生产工艺流程

1. TiO_2 纳米薄膜的制备工艺

制备 TiO_2 纳米薄膜的方法主要有溶胶—凝胶法（Sol - Gel）、化学气相沉积法（CVD）、磁控溅射法、刮涂法、水热合成法、静电自组装法等，其中溶胶—凝胶法（Sol - Gel）、化学气相沉积法（CVD）、磁控溅射法这三种方法是应用最为广泛的方法，这三种制备工艺都有其优缺点，Sol - Gel 制备方法具有制备成本低、工艺简单等优点，但在制备过程薄膜厚度不易掌控。常用的 CVD 制备方法主要有常压化学气相沉积（APCVD）、低压化学气相沉积（LPCVD）、等离子体增强化学气相沉积（PECVD），APCVD 具有反应器结构简单、薄膜沉积速度快、可低温制备等优点，但阶梯覆盖能差、纳米粒子易受污染；LPCVD 具有制备薄膜纯度高、阶梯覆盖能力强等优点，但薄膜沉积温度要求高、沉积速度较慢；PECVD 具有低温制备、沉积速率高、阶梯覆盖能高等优点，但制备过程中易产生化学污染且 TiO_2 纳米粒子纯度较低。磁控溅射法具有沉积速率高、可大面积成膜、温度要求低等优点，但靶材的利用较低且磁控溅射设备成本较高。

到目前为止，虽然 TiO_2 纳米薄膜的制备技术较多，但多停留在实验开发阶段，并未大规模推广应用，TiO_2 纳米薄膜制备工艺的不成熟以及标准化程度低，严重影响了纳米晶太阳能电池的产业化进程。此外，目前纳米晶太阳能电池的光阳极纳米结构主要集中于薄膜结构的实验研究阶段，新型纳米结构研究开发也是未来研究开发的趋势。此外，在新型纳米结构制备工艺开发的同时，低成本的新型结构制备设备也是未来研究开发的方向。因此，低成本标准化纳米结构制备工艺、设备是纳米晶太阳能电池未来研究的一个方向。

2. 激光设备

在纳米晶太阳能电池的生产制造中，激光划刻技术可直接影响其性能。激光划刻工艺主要是纳米晶太阳能电池组件生产过程中的三道工序，第一道工序是在 TCO 薄膜制备完成后，利用激光对 TCO 膜层进行去除，以达到绝缘的目的；第二道工序是在 TiO_2 纳米薄膜制备完成后，对 TiO_2 纳米薄膜进行去除处理；第三道工序是将 TCO 薄膜和 TiO_2 纳米薄膜进行去除处理。这三道激光划刻工艺的目的是通过激光引导的方式有选择的去除 TCO 和 TiO_2 纳米薄膜，将膜层划分为单个电池，从而使单个电池之间建立串联结构。目前，激光划刻技术还不成熟，在应用过程中存在一些问题，如激光划刻的地方，由于热效应会使薄膜产生突起，可能引起电池的短路现象，此外，在沉积另一层薄膜材料时，会使层与层之间的紧密度降低；在划刻后会余留许多薄膜碎片，这有可能会使划刻后两端导电，达不到绝缘的目的。此外，目前激光划刻的宽度一般为 20 ~ 60um，划刻条数为 3 条，严重制约了纳米晶太阳能的性能。目前，国内外激光设备存在明显差异，国内的激光设备成本低，稳定性及精确度不够；国外的激光设备成本较高，稳定性及精确度较国内高。依据作者本人对应用激光设备制备太阳能电池公司的走访与考察，如北京世华、天津津能、新奥集团、尤尼索拉津能、吉富中国投资、赣能华基新能源等，发现其激光设备品牌多为 Spectra - Physics、Coherent、Trumpf 及 Rofin 等国际品牌，激光设备国产化程度较低。

为促进纳米晶太阳能电池快速商业化，并降低制造成本，高性能、低成本激光设备研发是纳米晶太阳能电池未来研究的重点。

3. Roll - to - Roll（卷对卷）生产工艺与设备

纳米晶太阳能电池的衬底材料主要是导电玻璃，但导电玻璃成本较高，且存在硬脆、非柔性的限制。柔性衬底纳米晶太阳能电池是光伏产业发展的一个重要方向，其衬底材料主要是聚合物和金属衬底材料，Roll - to - Roll（卷对卷）生产工艺与设备就是针对柔性衬底太阳能电池研究设计的。Roll - to - Roll 生产制备的柔性衬底纳米晶太阳能电池组件具有可弯曲折叠、质量较轻、便于运输与安装等特点，能够有效地降低纳米晶太阳能电池组件成本，同时也能扩大纳米晶太阳能电池的应用领域，实现光伏产品的多样化。

目前，柔性衬底纳米晶太阳能电池还处于实验阶段，用于制备柔性衬底纳米晶太阳能电池的 Roll - to - Roll 生产工艺与设备并未得到有效地研究与开发。另外，国外对于 Roll - to - Roll 生产工艺与设备的研究与开发基础较我国国内研究开发基础好。英国 G24InnovationsLtd（G24i）公司于 2007 年建成了生产规模达 20MW/年的卷对卷柔性纳米晶太阳能电池生产中试线，美国的 Konarka 公司也研制了柔性纳米晶太阳能电池生产工艺，但到目前为止，卷对卷纳米晶太阳能电池制备工艺也仅停留在中试阶段，而我国国内并未对卷对卷纳米晶太阳能电池制备工艺投入太多的研究。

制备柔性衬底纳米晶太阳能电池的 Roll - to - Roll 生产工艺及设备研究开发不足，仅处于中试阶段，且我国研究开发基础较差是影响河北省柔性衬底纳米晶太阳能电池产业化的技术瓶颈。未来 Roll - to - Roll 生产工艺及设备的研究应集中于柔性衬底材料的开发，衬底材料上沉积导电氧化物的开发，Roll - to - Roll 生产工艺的开发，Roll - to - Roll 生产设备的开发，包括柔性衬底材料的制备及清洗设备、导电氧化物的沉积设备等。

4. 封装工艺

组件封装工艺在纳米晶太阳能电池制造过程中起到重要的作用，其直接影响纳米晶太阳能电池的可靠性。目前，太阳能电池的组件封装工艺是经过真空层压、非真空层压、冷切三个步骤将玻璃、电池片、背板粘接为一体。这种封装工艺易造成玻璃的大幅度形变，进而影响纳米晶太阳能电池的可靠性。因此，开发新型封装工艺是未来纳米晶太阳能电池研究的一个重点。

5. 纳米晶太阳能电池构件式组件开发

太阳能光伏建筑一体化，即 BIPV，是未来太阳能电池发展的一个重要方向，同时也是纳米晶太阳能电池最具市场潜力的研究领域。目前，纳米晶太阳能电池正处于实验研发阶段，对于 BIPV 并未研究开发，为满足未来市场的需求，应对纳米晶太阳能电池构件式组件进行开发，使其实现电池与建筑物的完美结合。

6. 纳米晶太阳能电池回收与再利用

太阳能电池回收与再利用社会体系的构建以及回收与再利用技术的研究与开发是一个长期的过程，因此纳米晶太阳能电池的回收与再利用应与产业化发展同步。即纳米晶太阳能电池实现产业化时，其回收与再利用工艺应比较成熟。在纳米晶太阳能电池商业化时，太阳能电池回收与再利用工艺的不成熟，在一定程度上会影响纳米晶太阳能电池的市场需求。目前，纳米晶太阳能电池还未商业化，正处于实验开发阶段，世界各国投入了大量的人力、资金对其研究开发，以加速纳米晶太阳能电池的产业化进程，而纳米晶太阳能电池的回收与再利用工艺的开发却未得到重视，到目前为止，并未有纳米晶太阳能电池回收与再利用方案出台，也并未开发相关的工艺，纳米晶太阳能电池回收工艺与技术以及再利用工艺与技术是未来纳米晶太阳能电池研究的一个重点。

4.3.2　技术壁垒要素与研发需求要素确定

依据上节以原材料及辅料、制备工艺及设备性能等为分析角度对纳米晶太阳能电池存在的技术瓶颈以及未来研究开发的重点、方向进行的分析，本书提炼出了 13 个技术壁垒要素以及 13 个研发要素，如表 4.10、4.11 所示。

表 4.10　技术壁垒要素

序号	技术壁垒要素	研究边界
1	导电玻璃国产化程度低	原材料及辅料
2	衬底材料有待开发	原材料及辅料
3	纳米粒子及纳米薄膜结构存在电子复合现象	原材料及辅料
4	新型染料敏化剂有待开发	原材料及辅料
5	电解液电解质易泄露、挥发	原材料及辅料
6	PVB 国产化程度低	原材料及辅料

续表

序号	技术壁垒要素	研究边界
7	新型封闭材料有待开发	原材料及辅料
8	低成本标准化纳米结构制备工艺、设备有待开发	制备工艺、设备性能
9	激光器价格昂贵、存在性能问题	设备性能
10	卷对卷生产工艺及设备研究开发基础较差	制备工艺
11	新型封装工艺有待开发	制备工艺
12	BIPV 构件有待开发	制备工艺
13	NPC 太阳能电池回收与再利用方案未出台	设备性能

表 4.11　研发需求

序号	技术壁垒	研发需求
1	导电玻璃国产化程度低	自主研发导电玻璃
2	衬底材料有待开发	研究开发柔性衬底材料
3	纳米粒子及纳米薄膜结构存在电子复合现象	新型纳米结构的开发
4	新型染料敏化剂有待开发	新型染料敏化剂的开发
5	电解液电解质易泄露、挥发	准固态、高效固态电解质的开发
6	PVB 国产化程度低	提高 PVB 国产化程度
7	新型封闭材料有待开发	长寿命新型材料的开发
8	低成本标准化纳米结构制备工艺、设备有待开发	低成本、标准化纳米结构制备工艺、设备的开发
9	激光器价格昂贵、存在性能问题	低成本、性能佳的激光器的研制
10	卷对卷生产工艺及设备研究开发基础较差	卷对卷生产工艺及设备的研究开发
11	新型封装工艺有待开发	高安全性、可靠性封装工艺的开发
12	BIPV 构件有待开发	BIPV 构件组件的开发
13	NPC 太阳能电池回收与再利用方案未出台	高效率、低成本回收与再利用设备与技术开发

4.3.3　技术壁垒要素与产业目标的关联性分析

技术壁垒要素与产业目标的关联性分析的目的在于获得制约实现产业目标

的技术壁垒要素。本书主要是以技术壁垒对产业目标的影响为依据，分析两者之间的关联程度。衬底材料的透光率低以及面电阻温度敏感、纳米粒子及纳米电极的电子复合、染料吸收光谱范围较窄等均会降低纳米晶太阳能电池的光电转换效率；导电玻璃国产化程度低、染料敏化剂成本较高以及高成本低标准纳米结构制备工艺在一定程度上使纳米晶太阳能电池材料成本增加；PVB、激光设备等国产化程度低，价格昂贵提高了纳米晶太阳能电池的组件/组件制造成本；染料敏化剂的稳定性差、电解液的泄露及挥发、电极封闭材料的不耐腐蚀及熔点低等会加剧纳米晶太阳能电池的衰减；BIPV 构件组件未研究开发制约了高效、高透光率组件的开发与制备；Roll - to - Roll（卷对卷）生产工艺及设备研究开发基础较差限制了柔性组件的开发；封装工艺及封装材料达不到市场对太阳能电池安全性、可靠性的要求，使实现提高太阳能电池耐候性及安全性的产业目标有一定的困难；纳米晶太阳能电池回收与利用方案的制定是实现纳米晶太阳能电池回收与利用的基础，方案的未出台制约了纳米晶太阳能电池回收与利用目标的实现。技术壁垒与产业目标关联程度见表 4. 12 所示。

表 4. 12　技术壁垒与产业目标关联程度

产业目标		提高光电转换效率	降低材料/材料制造成本	降低组件/组件制造成本	减缓电池衰减	实现高效、高透光率组件	实现柔性组件	提高耐候性及安全性	NPC 太阳能电池回收与利用
技术壁垒要素	导电玻璃国产化程度低	低	高	低	低	低	低	低	低
	衬底材料有待开发	高	低	低	低	低	低	低	低
	纳米粒子及纳米薄膜结构存在电子复合现象	高	低	低	低	低	低	低	低
	新型染料敏化剂有待开发	高	高	低	高	低	低	低	低
	电解液电解质易泄露、挥发	低	低	低	高	低	低	低	低
	PVB 国产化程度低	低	低	高	低	低	低	低	低

续表

产业目标		提高光电转换效率	降低材料/材料制造成本	降低组件/组件制造成本	减缓电池衰减	实现高效、高透光率组件	实现柔性组件	提高耐候性及安全性	NPC太阳能电池回收与利用
技术壁垒要素	新型封闭材料有待开发	低	低	低	高	低	低	低	低
	低成本标准化纳米结构制备工艺、设备有待开发	低	高	低	低	低	低	低	低
	激光器价格昂贵、存在性能问题	低	低	高	低	低	低	低	低
	卷对卷生产工艺及设备研究开发基础较差	低	低	低	低	低	高	低	低
	新型封装工艺有待开发	低	低	低	高	低	低	高	低
	BIPV构件有待开发	低	低	低	低	高	低	低	低
	NPC太阳能电池回收与再利用方案未出台	低	低	低	低	低	低	低	高

第五章　河北省纳米晶太阳能电池技术创新路线图

5.1　河北省纳米晶太阳能电池技术创新路线图设计

技术创新路线图制定代表着一种战略集成方法，代表着一种技术、管理和规划，其设计既需要明确地反映需达到的目标，又要能清晰地反映出图形的格式。本书通过对技术创新路线图构成要素即市场需求、产业目标、技术壁垒、研发需求等进行的分析，对河北省纳米晶太阳能电池的研发任务、需突破的技术瓶颈、需达到的产业目标以及需满足的市场需求等有了一定的认识，这为技术创新路线图的绘制奠定了基础。

本书绘制技术创新路线图时，是以市场需求—产业目标—技术壁垒—研发需求为绘制路线，以原材料及辅料、制备工艺、设备性能等三元素为产业边界，并结合产业目标与市场需求的关联程度以及技术壁垒与产业目标的关联程度绘制河北省纳米晶太阳能电池技术创新路线图。此外，本书为使技术创新路线图既能综合反映出产业、技术规划，又能达到清晰明了的目的，特设计了两种形式的技术创新路线图：综合版技术创新路线图、图形版技术创新路线图。

综合版技术创新路线图的目的是综合反映产业规划路径。本书对综合版技术创新路线图的绘制是在市场需求、产业目标、技术壁垒、研发需求等各要素下综合分析产业边界所涉及的要素，即以产业边界为起点，以“市场需求—产业目标—技术壁垒—研发需求”为路径绘制河北省纳米晶太阳能电池综合版技术创新路线图。

图形版技术创新路线图的目的是使各边界范围下的各技术创新路线图构成要素清晰明了。本书对图形版技术创新路线图的绘制是按原材料及辅料、制备工艺、设备性能三大边界范围，将每一边界范围分为四个阶段：市场需求—产业目标—技术壁垒—研发需求，将各阶段中涉及的要素填入对应的边界范围内，绘制图形版河北省纳米晶太阳能电池技术创新路线图。

5.2 河北省纳米晶太阳能电池技术创新路线图

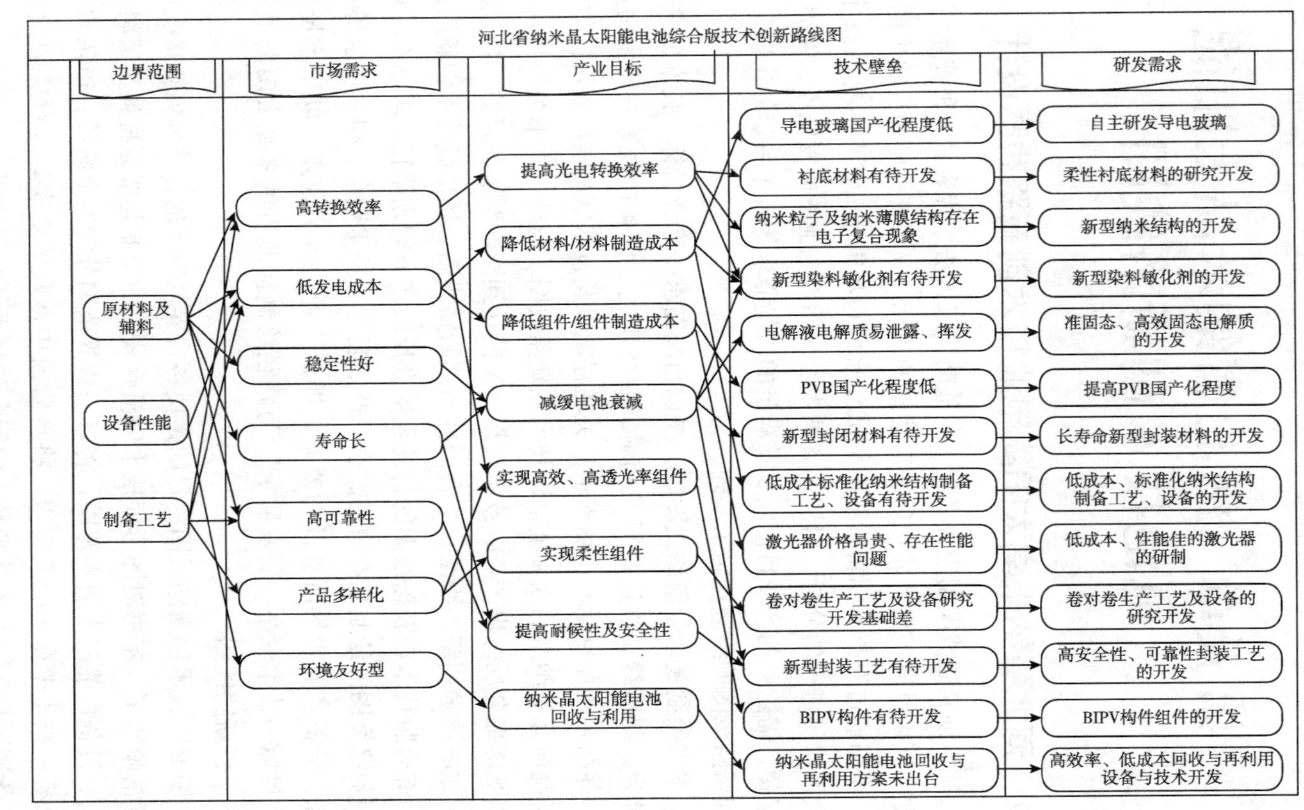

图 5.1 河北省纳米晶太阳能电池综合版技术路线图

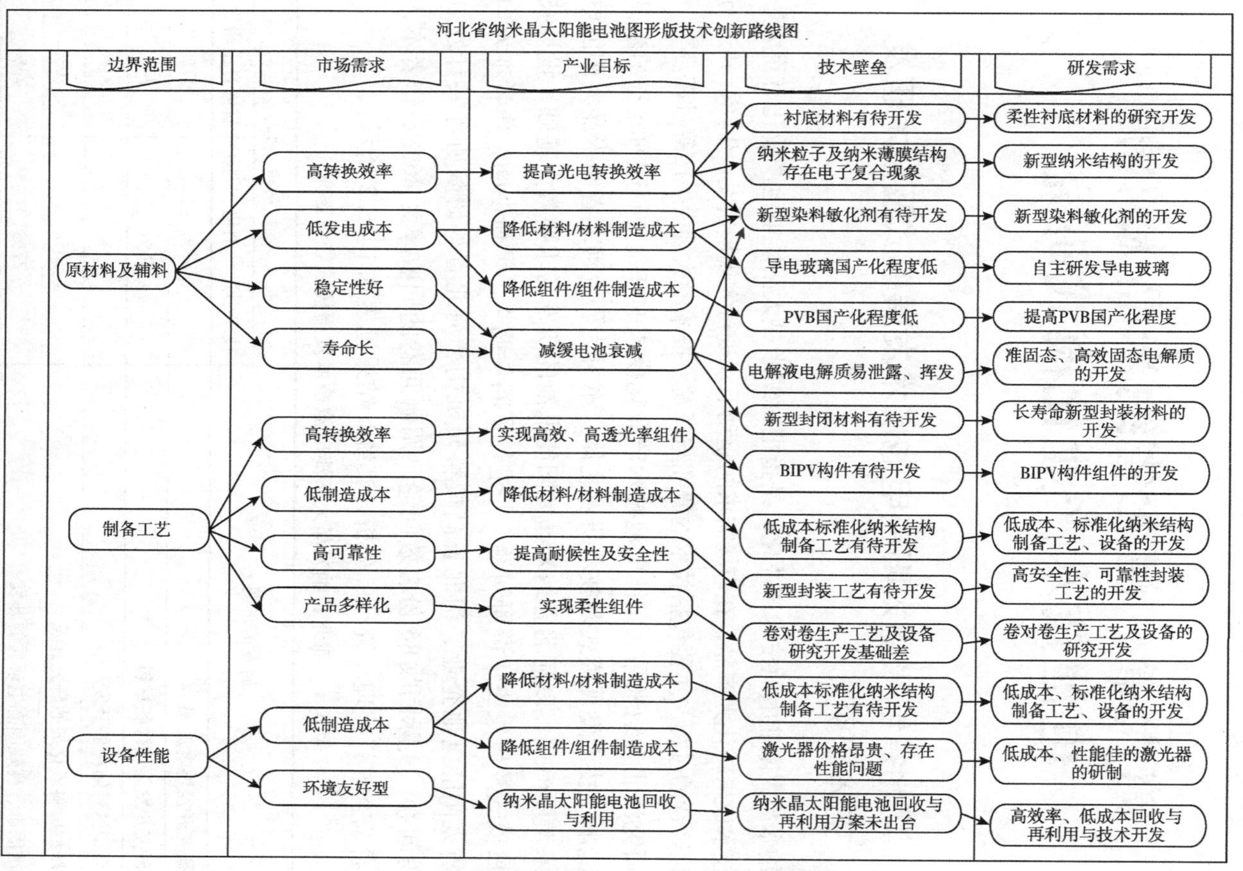

图 5.2　河北省纳米晶太阳能电池图形版技术创新路线图

第六章　河北省纳米晶太阳能电池技术产业化模式研究

6.1　河北省纳米晶太阳能电池技术发展模式及技术研发主体研究

纳米晶太阳能电池技术产业化，是指把对纳米晶太阳能电池产业化有重大影响的技术成果转化为产品，在市场需求的驱动下，进行大规模研发、生产，并进行商业化经营的过程，主要包括技术的研究与开发、技术的大规模生产等过程。

研究河北省纳米晶太阳能电池技术产业化模式的基础是研究河北省纳米晶太阳能电池技术发展模式及技术研发主体。本书为研究河北省纳米晶太阳能电池技术发展模式，以河北省纳米晶太阳能电池的研发需求要素为基础，设计技术发展模式及研发主体调研问卷，并进行了问卷调查。调研期间，作者本人向河北省太阳能电池企业、河北省高校科研机构、河北省科研院所等共计发放100份问卷，实际回收86份有效问卷，调研问卷的回收率为86%。作者本人对问卷调查进行整理、统计、分析，其统计结果见表6.1、6.2所示：

表6.1　河北省纳米晶太阳能电池技术发展模式统计结果

序号	研发需求要素	统计结果（%）	
		技术引进、消化、创新	省内自主研发
1	研究开发导电玻璃	83%	17%
2	研究开发柔性衬底材料	26%	74%
3	新型纳米结构的开发	19%	81%
4	新型染料敏化剂的研究开发	30%	70%
5	准固态、高效固态电解质的开发	27%	73%
6	封装材料PVB研究开发	69%	31%

续表

序号	研发需求要素	统计结果（%）	
		技术引进、消化、创新	省内自主研发
7	长寿命新型封装材料的研究开发	35%	65%
8	低成本、标准化纳米结构制备工艺、设备的研究开发	41%	59%
9	低成本、性能佳的激光器的研究开发	64%	36%
10	卷对卷生产工艺及设备的研究开发	57%	43%
11	高安全、可靠性封装工艺的研究开发	27%	73%
12	BIPV 构件组件的研究开发	31%	69%
13	高效率、低成本回收与再利用设备与技术研究开发	42%	58%

表 6.2　河北省纳米晶太阳能电池技术研发主体统计结果

序号	研发需求要素	统计结果（%）						
		高校	研究所	企业	高校＋研究所	高校＋企业	研究所＋企业	高校＋企业＋研究所
1	研究开发导电玻璃	6%	7%	5%	33%	23%	19%	7%
2	研究开发柔性衬底材料	6%	8%	9%	29%	21%	17%	10%
3	新型纳米结构的开发	10%	8%	5%	34%	10%	13%	20%
4	新型染料敏化剂的研究开发	13%	17%	3%	31%	19%	5%	12%
5	准固态、高效固态电解质的开发	9%	12%	7%	28%	15%	13%	16%
6	封装材料 PVB 研究开发	8%	9%	15%	30%	9%	10%	19%
7	长寿命新型封装材料的研究开发	10%	13%	15%	27%	13%	10%	12%
8	低成本、标准化纳米结构制备工艺、设备的研究开发	7%	9%	13%	15%	16%	15%	25%
9	低成本、性能佳的激光器的研究开发	5%	10%	12%	15%	16%	17%	25%
10	卷对卷生产工艺及设备的研究开发	6%	9%	13%	10%	13%	16%	33%
11	高安全、可靠性封装工艺的研究开发	7%	8%	15%	9%	14%	17%	30%
12	BIPV 构件组件的研究开发	6%	8%	12%	14%	16%	17%	27%
13	高效率、低成本回收与再利用设备与技术研究开发	3%	5%	16%	10%	12%	15%	39%

依据统计结果表明：13 项研发需求要素中研究开发柔性衬底材料，新型纳米结构的开发，新型染料敏化剂的开发，准固态、高效固态电解质的开发，长寿命新型封装材料的开发，低成本、标准化纳米结构制备工艺、设备的开发，高安全性、可靠性封装工艺的开发，BIPV 构件组件的开发，高效率、低成本回收与再利用设备与技术开发等 9 项依据统计结果应采取省内自主研发的技术发展模式，13 项研发需求要素中研究开发导电玻璃，提高 PVB 国产化程度，低成本、性能佳的激光器的研制，卷对卷生产工艺及设备的研究开发等 4 项依据统计结果应采取引进国外先进技术并进行消化吸收、技术创新的技术发展模式；13 项研发需求要素中低成本、标准化纳米结构制备工艺、设备的开发，低成本、性能佳的激光器的研制，卷对卷生产工艺及设备的研究开发，高安全性、可靠性封装工艺的开发，BIPV 构件组件的开发，高效率、低成本回收与再利用设备与技术开发等 6 项依据统计结果需要高校、研究所、企业共同研究开发，13 项研发需求要素中研发开发导电玻璃，研究开发柔性衬底材料，新型纳米结构的开发，新型染料敏化剂的开发，准固态、高效固态电解质的开发，提高 PVB 国产化程度，长寿命新型封装材料的开发等 7 项依据统计结果需高校、研究所共同开发。如下表 6.3 所示。

表 6.3　河北省纳米晶太阳能电池研发需求的技术发展模式及研发主体

序号	研发需求要素	技术发展模式	技术研发主体
1	研发开发导电玻璃	技术引进、消化吸收、技术创新	高校、研究所
2	研究开发柔性衬底材料	省内自主研发	高校、研究所
3	新型纳米结构的开发	省内自主研发	高校、研究所
4	新型染料敏化剂的开发	省内自主研发	高校、研究所
5	准固态、高效固态电解质的开发	省内自主研发	高校、研究所
6	提高 PVB 国产化程度	技术引进、消化吸收、技术创新	高校、研究所
7	长寿命新型封装材料的开发	省内自主研发	高校、研究所
8	低成本、标准化纳米结构制备工艺、设备的开发	省内自主研发	高校、研究所、企业
9	低成本、性能佳的激光器的研制	技术引进、消化吸收、技术创新	高校、研究所、企业
10	卷对卷生产工艺及设备的研究开发	技术引进、消化吸收、技术创新	高校、研究所、企业

续表

序号	研发需求要素	技术发展模式	技术研发主体
11	高安全性、可靠性封装工艺的开发	省内自主研发	高校、研究所、企业
12	BIPV 构件组件的开发	省内自主研发	高校、研究所、企业
13	高效率、低成本回收与再利用设备与技术开发	省内自主研发	高校、研究所、企业

依据对河北省纳米晶太阳能电池目前研发需求的技术发展模式的分析研究，本书认为河北省纳米晶太阳能电池技术发展模式应采用“外部引进＋省内自主研发”的混合发展模式，对于国外或省外较成熟且较河北省先进的技术，如导电玻璃生产技术、PVB 制造技术、高性能激光器开发技术、Roll－to－Roll（卷对卷）生产工艺及相应设备研发技术等，应采取引进、消化、创新的技术发展模式。目前，这些材料、生产设备或生产工艺国产化程度低，主要依赖于国外进口或倾向于选择国外品牌，如国内导电玻璃主要是从日本 NSG 和美国 AFG 等公司引进；国内 PVB 的采购倾向于选择美国首诺（Solutia）、杜邦（DuPont）、德国可乐丽（Kuraray）等国际品牌；国内激光器的采购倾向于选择美国 Spectra—Physics 以及 Coherent，德国 Trumpf 以及 Rofin 等国际品牌；Roll－to－Roll（卷对卷）生产工艺及相应设备主要是从美国、日本、荷兰等国引进。这在分析河北省纳米晶太阳能电池技术壁垒中也有涉及。对于这些国外较成熟的技术，河北省采取引进、消化再创新的技术发展模式，能够保证河北省纳米晶太阳能电池技术与国外技术接轨，能够有效减少纳米晶太阳能电池技术研发瓶颈、降低技术研发成本；对于国内外均不成熟的技术，如制备柔性衬底材料技术，制备新型纳米结构技术，制备新型染料敏化剂技术，制备准固态、高效固态电解质技术，制备长寿命新型封装材料技术，研究开发低成本、标准化纳米结构制备工艺及设备，研究开发高效率、低成本回收工艺与再利用设备等应采取自主研发的技术发展模式，这种技术发展模式有利于河北省抢占新兴技术制高点，有利于抢占、开拓新兴技术市场，并占据新兴技术领头羊的地位，能够保证技术的自主使用权。此外，对河北省纳米晶太阳能电池目前研发需求的技术研发主体的分析研究，作者本人认为，河北省在对纳米晶太阳能电池技术研究开发时，需要多主体的参与，对于原材料及辅料的研究开发，需

要高校及研究所共同研究开发，对于制备工艺及设备性能的研究开发，需要高校、研究所及企业共同研究、开发。这主要是由于高校、研究所等研究机构在工艺设计、性能检测等方面较欠缺。

为进一步确定具体研发主体，本书对河北省高校、研究所及太阳能电池企业进行了分析。为确定参与河北省纳米晶太阳能电池技术产业化的高校，本书对河北省理工类、综合类本科院校截止目前为止申请承接的国家自然科学基金项目进行了分析，并从中归纳出每所学校申请承接有关纳米材料/结构、太阳能电池/电池技术、激光器等相关的国家自然基金项目数量，如下表6.4所示。从表中可以看出，燕山大学、河北工业大学、河北大学、华北理工大学、河北科技大学等5所高校较河北省其他同类院校具有较强的纳米科研、电池科研基础，并对激光器有一定的研究，此外，通过河北省纳米晶太阳能电池研究进展发现，景德镇陶瓷学院在研究纳米晶太阳能电池技术方面取得了一定的成果，因此，参与河北省纳米晶太阳能电池的高校应集中于燕山大学、河北工业大学、河北大学、华北理工大学、河北科技大学、景德镇陶瓷学院等6所学校。为确定参与河北省纳米晶太阳能电池技术产业化的研究所，本课题依据研究所类别、研究所研发重点以及科研实力并结合河北省纳米晶太阳能电池研究进展，确定了四所研究所：河北省科学院能源研究所、河北省科学院激光研究所、河北省科学院自动化研究所、河北省汉光太阳能研究所。其中河北省科学院能源研究所，主要从事常规能源与新能源的研究开发，2010年，该研究所启动了“可再生能源与建筑一体化工程技术研究中心”，可为纳米晶太阳能电池的技术研究提供技术支持；河北省科学院激光研究所主要从事激光技术和等离子体技术的应用研究，自成立以来，承担并完成了国家、省、市级科研项目总计160余项，获得省部级以上科技进步奖总计20余项，市级科技进步奖40多项，发表科技论文总计230余篇，在河北省属激光器科研成果最显著的研究机构，在纳米晶太阳能电池产业化进程中，有该研究所的参与，能够有效地缩短产业化进程；河北省自动化研究所，是一所集科研、开发、生产、经营于一体的省属重点独立科研机构。在自动控制、机电一体化、计算机及网络技术等相关领域，始终走在河北省科研开发工作的前列，仅2015年便公布了15项应用研究成果，这样的科研实力能够有效地推进纳米晶太阳能电池技术产业化进程；汉光太阳能研究所，已掌握纳米晶太阳能电池相关核心技术以及生产工艺，并具备了小批量生产能力。为确定参与河北省纳米晶太阳能电池技术产业化的企业，本书首先依据中国报告厅公布的2014年中国太阳能电池前十名企业品牌排行榜，见表6.5所示，确定了河北省光伏行业的龙头企业：英利绿色能源控股有限公司、晶澳太阳能有限公司，新奥光伏能源有限公司。其中，总部设在河北保定的英利公司是全球最大的垂直一体化光伏制造商，在全国已设有30个分支机构，产品销售德国、希腊、法国、韩国、日本、南非、墨西哥和美国等90个国家；坐落于河北廊坊的新奥光伏能源有限公司年生产规模已达到70MW，可实现生产制备技术含量处于国际领先水平的超大型5.7m^2高性能电池组件，并且是世界领先的光伏一体化集成服务提供商；河北宁晋晶澳太阳能有限公司是由河北晶龙集团、澳大利亚光伏科技工程公司和澳大利亚太阳能发展有限公司三方共同出资1.2亿元人民币建立的外资企业，生产能力居世界前列，是世界最大的太阳能电池生产厂商之一。确定河北省光伏行业的龙头企业后，本课题又进一步通过国家知识产权局查询了河北省太阳能电池企业申请的有关纳米晶太阳能电池方面的专利数量，结果发现截止2015年8月26日即作者本人查询之日河北省没有申请相关专利的企业。此外，通过河北省纳米晶太阳能电池研究进展发现，汉光重工有限公司把纳米晶太阳能电池从$2\times2cm^2$、$5\times5cm^2$、$15\times15cm^2$，提高到了$80\times72\ cm^2$，且经过测验，这种大面积的纳米晶太阳能电池的光电性能以及稳定性均已达到可产业化的标准。鉴于纳米晶太阳能电池技术产业化对资金及科研人才、科研基础等均有一定的要求，本书认为英利绿色能源控股有限公司、晶澳太阳能有限公司，新奥光伏能源有限公司等河北省太阳能电池龙头企业以及汉光重工有限公司应参与河北省纳米晶太阳能电池的技术产业化，一方面河北省太阳能电池龙头企业资金较雄厚，科研人员较多，能够为纳米晶太阳能电池技术产业化提供丰富的资金和科研人才，且龙头企业的参与能够带动河北省其他太阳能电池企业研究开发纳米晶太阳能电池技术的积极性；另一方面汉光重工有限公司的参与能够为其他参与者提供技术指导，加快纳米晶太阳能电池产业化进程。通过上述分析，本课题确定了具体参与河北省纳米晶太阳能电池技术产业化的主体，如下表6.6所示。

表 6.4　河北省理工类、综合类本科院校有关纳米材料、纳米结构、太阳能电池技术、激光技术相关的国家自然基金项目总量

学校名称	纳米材料/结构基金项目数	太阳能电池/电池技术基金项目数	激光器基金项目数	总计（项）
燕山大学	52	4	3	59
河北工业大学	28	2	2	32
河北大学	18	1	1	20
华北理工大学	11	1	1	13
河北科技大学	6	3	1	10
河北工程大学	3	暂无	暂无	3
石家铁道大学	2	1	暂无	3
北华航天工业学院	1	暂无	暂无	1
河北北方学院	暂无	1	暂无	1
唐山学院	暂无	暂无	暂无	暂无
防灾科技学院	暂无	暂无	暂无	暂无
华北科技学院	暂无	暂无	暂无	暂无
河北建筑工程学院	暂无	暂无	暂无	暂无
河北科技学院	暂无	暂无	暂无	暂无
燕京理工学院	暂无	暂无	暂无	暂无
河北工程技术学院	暂无	暂无	暂无	暂无
邢台学院	暂无	暂无	暂无	暂无
衡水学院	暂无	暂无	暂无	暂无

注：数据依据国家自然科学委员会官网整理所得

表 6.5　2014 年中国太阳能电池企业品牌排行榜前十名及坐落位置

排名	太阳能电池企业名称	坐落位置
1	尚德电力控股有限公司	河南
2	英利绿色能源控股有限公司	总部河北
3	晶澳太阳能电池有限公司	河北、江苏
4	天合光能有限公司	江苏
5	阿特斯阳光电力科技有限公司	江苏

续表

排名	太阳能电池企业名称	坐落位置
6	韩华新能源有限公司	江苏
7	中电电气（南京）光伏有限公司	南京
8	东营光伏太阳能有限公司	东营
9	新奥光伏能源有限公司	河北
10	海瑞光伏科技股份有限公司	江苏、上海、安徽

注：排名来自于中国报告厅

表 6.6　参与河北省纳米晶太阳能电池技术产业化的具体主体及选择原因

类别	具体参与主体	原因
高校	燕山大学	具有较强的纳米科研、电池科研基础，并对激光器有一定的研究；景德镇陶瓷学院有一定的技术基础
	河北工业大学	
	河北大学	
	华北理工大学	
	河北科技大学	
	景德镇陶瓷学院	
研究所	河北省科学院能源研究所	河北省科学院研究所科研实力强；汉光太阳能研究所有一定的技术基础
	河北省科学院激光研究所	
	河北省科学院自动化研究所	
	汉光太阳能研究所	
企业	英利绿色能源控股有限公司	太阳能电池龙头企业，资金雄厚、科研人才较多；汉光重工有限公司可提供技术指导
	晶澳太阳能电池公司	
	新奥光伏能源有限公司	
	汉光重工有限公司	

6.2　河北省纳米晶太阳能电池技术产业化组织模式研究

河北省纳米晶太阳能电池技术产业化组织模式是研究纳米晶太阳能电池技术产业化模式的重要内容，是技术商品化的重要影响因素。依据目前普遍应用的技术产业化组织模式，并结合河北省发展现状，本课题提出了以下三种河北省纳米晶太阳能电池技术产业化组织模式：

1. 技术转让模式

技术转让模式是指技术开发方自愿以一定的价格将开发的技术转让给技术需求方，由技术需求方对技术实施产业化开发、生产以及商品化经营。对于由高校（燕山大学、河北大学、河北工业大学、华北理工大学、河北科技大学、景德镇陶瓷学院）与研究所（河北省科学院能源研究所、河北省科学院激光研究所、河北省科学院自动化研究所、汉光太阳能研究所）共同开发的纳米晶太阳能电池技术，可通过技术转让的方式实现技术的产业化。这主要是由于纳米晶太阳能电池技术的产业化需要大量的资金支持，且在技术进入市场前需要对技术进行中试、生产、销售等复杂过程，而参与纳米晶太阳能电池技术开发的高校、研究所缺乏强大的资金支持，且在技术中试、生产、销售等方面缺少设备、人员，缺乏经验及精力。此外，技术的产业化应以市场需求为导向，而这些高校、研究所等科研机构对市场需求的洞察力不足，可能因此错失技术产业化良机。技术转让是参与纳米晶太阳能电池技术开发的高校、研究所等科研机构实现纳米晶太阳能电池技术产业化的有效途径。这些高校、研究所将纳米晶太阳能电池技术以一定价格转让给英利绿色能源控股有限公司、晶澳太阳能电池公司、新奥光伏能源有限公司、汉光重工有限公司等河北省太阳能电池企业，接受转让技术的太阳能电池企业需一次性支付技术转让费用，交易完成后，这些高校、研究所不再参与纳米晶太阳能电池技术的中试、生产及销售，同样也不分享企业未来的利润、亦不承担企业的投资风险、经营风险。

2. 技术入股模式

技术入股模式是指以技术作为投资的股份，利用企业的设备、资金及销售平台，形成合作体，共同推进技术产业化进程并共同承担投资风险，年终按股份进行分红。河北省高校（燕山大学、河北大学、河北工业大学、华北理工大学、河北科技大学、景德镇陶瓷学院）与研究所（河北省科学院能源研究所、河北省科学院激光研究所、河北省科学院自动化研究所、汉光太阳能研究所）对其共同研究开发的纳米晶太阳能电池技术可不通过技术转让的方式实现技术产业化，而通过技术入股的方式，与河北省能源公司（英利绿色能源控股有限公司、晶澳太阳能电池公司、新奥光伏能源有限公司、汉光重工有限公司）共同完成纳米晶太阳能电池技术的中试、生产与销售，这些高校、研究所以纳米晶太阳能电池技术入股并参与纳米晶太阳能电池技术开发后的后续工作，能够有效地降低企业的初期资金投入额以及投资风险；同时，这些开发技术的高校、研究所则可能获得长远利益。

3. 产学研结合模式

产学研结合模式是指高校、研究所和企业结合，组成“研究开发—中试—生产—销售”一体化的合作实体，该模式是产学研合作的双赢模式，最大的特点是较注重技术产业化的研究开发阶段，且能够提供雄厚的资金支持，使技术在研究开发方面以及产业化方面都能得到保障。河北省高校（燕山大学、河北大学、河北工业大学、华北理工大学、河北科技大学、景德镇陶瓷学院）与河北省研究所（河北省科学院能源研究所、河北省科学院激光研究所、河北省科学院自动化研究所、汉光太阳能电池研究所）以及河北省能源公司（英利绿色能源控股有限公司、晶澳太阳能电池公司、新奥光伏能源有限公司、汉光重工有限公司）共同对纳米晶太阳能电池技术进行研究开发后，可采取产学研结合模式建立河北省纳米晶太阳能电池技术中试基地，以实现纳米晶太阳能电池技术的物化及熟化过程，为纳米晶太阳能电池技术的大规模生产做好充分准备。因纳米晶太阳能电池技术为新兴技术且为高新技术，其对科研能力要求较强，因此建立纳米晶太阳能电池技术中试基地应以科研指向为原则，其建设位置应尽可能靠近科研人才和知识密集地区，此外，参与纳米晶太阳能电池技术产业化的燕山大学、河北大学、河北工业大学、华北理工大学、河北科技大学、景德镇陶瓷学院等高校具有较强的纳米科研、电池科研基础，并对激光器有一定的研究；河北省科学院能源研究所、河北省科学院激光研究所、河北省科学院自动化研究所、汉光太阳能电池研究所等科研所科研实力较强且有一定的技术基础，而英利绿色能源控股有限公司、晶澳太阳能电池公司、新奥光伏能源有限公司等河北省太阳能电池龙头企业对纳米晶太阳能电池研究较少，仅汉光重工有限公司对纳米晶太阳能电池有一定的研究，因此，纳米晶太阳能电池技术基地应建在参与纳米晶太阳能电池技术研究开发的高校、研究所等研究开发单位内或附近。对于未采用产学研一体化的纳米晶太阳能电池技术产业化组织模式，如技术转让、技术入股等产业化组织模式，也应遵循这一原则，将纳米晶太阳能电池技术基地建在参与纳米晶太阳能电池技术研究开发的高校、研究所等研究开发单位内或附近，特别是技术转让模式，研究开发纳米晶太阳能电池技术的高校、研究所将技术成果有偿转让给太阳能电池企业后不再参与后期技术的中试，对于技术开发后的风险由技术接受方完全承担，因此，为降低风险，技术接收方应在技术转让单位内或附近建立技术中试基地，同时聘请技术转让单位内参与技术研发的主要技术科研人员参与技术后期的中试。中试完成后建立大规模生产基地，对纳米晶太阳能电池技术商品化生产。建立大规模生产基地的目的是对物化后的纳米晶太阳能电池技术大规模生产，并将其推向市场，在这一阶段，需要大量的资金以及大量的人员投入，为充分利用参与纳米晶太阳能电池技术产业化的太阳能电池企业的资金以及人力资源，应以生产指向为原则，将大规模生产基地建在英利绿色能源控股有限公司、晶澳太阳能电池公司、新奥光伏能源有限公司、汉光重工有限公司等参与纳米晶太阳能电池技术产业化的太阳能电池企业内或附近。为保证高校、研究所及太阳能电池企业长期合作，真正将纳米晶太阳能电池技术推向市场，三方应在权益上做到责任明确，在利益上确保公平。在权益方面，高校、研究所主要负责纳米晶太阳能电池技术的开发、技术产业化跟进、技术产业化技术性指导，太阳能电池企业除参与纳米晶太阳能电池的技术开发外，还应负责纳米晶太阳能电池技术商品化的生产与经营，在利益方面，双方按比例分配，分配比例主要依据纳米晶太阳能电池技术的开发难度与技术的创新性、技术的风险、投资的规模及市场商品化技术占有率等。

6.3 河北省纳米晶太阳能电池技术产业化的资金筹集模式研究

河北省纳米晶太阳能电池技术产业化的资金筹集模式是河北省纳米晶太阳能电池技术产业化模式的重要内容，其能够直接影响河北省纳米晶太阳能电池技术产业化的进程。本书依据目前普遍应用的资金筹集模式，并结合河北省现状，提出了以下三种资金筹集模式。

1. 资金入股筹措模式

资金入股模式是指以技术开发或技术产业化项目为主体，有针对的选择资金投资单位或个人或面向社会公众招募技术产业化所需资金，以资金额度评估所持股份份额，利润分配时按股份份额分配。资金入股模式具有在短时间内筹集较多资金的特点，是河北省纳米晶太阳能电池技术产业化资金筹集的有效方式。高校、研究所、企业在研究开发纳米晶太阳能电池技术时若存在资金短缺的问题时，可通过资金入股的模式筹集资金，并按照股份分享纳米晶太阳能电池技术开发后的收益。燕山大学、河北大学、河北工业大学、华北理工大学、河北科技大学、景德镇陶瓷学院等高校以及河北省科学院能源研究所、河北省科学院激光研究所、河北省科学院自动化研究所、汉光太阳能研究所等研究所以及英利绿色能源控股有限公司、晶澳太阳能电池公司、新奥光伏能源有限公司、汉光重工有限公司等河北省太阳能电池企业在研究开发纳米晶太阳能电池技术时或中试、生产、商品化经营等过程中若存在资金短缺的问题时，可通过资金入股的模式筹集资金，并按照股份分享纳米晶太阳能电池技术产业化后的收益。

2. 科技资金捆绑模式

科技资金捆绑模式是指技术产业化的资金支持主要来自于科技经费。该模式打破了传统仅依靠政府财政拨款的模式，形成了政府出资设立科研专项经费，高校、研究所及企业自筹经费，银行、信托等金融机构放贷等多渠道资金筹集模式，在一定程度上为利用科技经费研究开发技术并将其产业化提供了条件。燕山大学、河北大学、河北工业大学、华北理工大学、河北科技大学、景德镇陶瓷学院等高校以及河北省科学院能源研究所、河北省科学院激光研究所、河北省科学院自动化研究所、汉光太阳能研究所等研究所以及英利绿色能源控股有限公司、晶澳太阳能电池公司、新奥光伏能源有限公司、汉光重工有限公司等河北省太阳能电池企业在开发纳米晶太阳能电池技术或将技术商品化时，可利用科技资金捆绑模式，以充分利用政府专项经费、研发单位或生产单位自筹经费以及银行、信托等金融单位的科技融资等，以克服研发资金不足的问题。如燕山大学、华北理工大学以及河北科技大学等自成立以来，共依靠国家自然科学基金分别为2435.5万元、744万元、378万元等对纳米材料/结构、太阳能电池/电池技术、激光器等进行了研究开发。

3. 风险基金模式

风险基金是指风险投资的资本。从投资行为的角度看，风险投资模式是指资金所有者将资本投向高风险的高新技术及其产品的研究开发领域，以期加快高新技术的产业化进程，从而获得高风险收益的一种投资行为。从其运作方式看，风险投资模式是由相对较专业的投资中介机构向具有发展前景的高新技术企业或高新技术科研开发单位投入风险资金的过程。目前，我国财政较为困难，仅依靠国家和政府财政拨款解决科研费用是不现实的，这在一定程度上会限制科技的研发，阻碍技术产业化进程，因此，风险基金模式是河北省纳米晶太阳能电池技术产业化资金筹集的有效方式。燕山大学、河北大学、河北工业大学、华北理工大学、河北科技大学、景德镇陶瓷学院等高校以及河北省科学院能源研究所、河北省科学院激光研究所、河北省科学院自动化研究所、汉光太阳能研究所等研究所以及英利绿色能源控股有限公司、晶澳太阳能电池公司、新奥光伏能源有限公司、汉光重工有限公司等河北省太阳能电池企业在纳米晶太阳能电池技术产业化进程中应积极与投资中介机构沟通交流，争取风险基金，一方面能够降低太阳能电池企业投资成本，另一方面可降低投资风险。

4. 众筹模式

众筹模式，又称为众融、众募，起源于众包，是技术研发单位、个人或是项目开发企业借助众筹平台面向大众而非金融机构或风险投资机构募集资金的方式。具体流程为：众筹发起人向众筹平台提交需众筹的项目，详细介绍项目的基本信息、进展等，并设置梯度融资额度以及与之匹配的回报；公众在众筹平台页面上浏览众筹项目并可与众筹发起人就某些问题进行交流，最终在线支付资金以支持自己最感兴趣的项目；若众筹项目在规定时间内筹集到项目目标融资额度则表示众筹成功，众筹发起人需在规定时间内完成项目并按照约定向投资人发放回报，通常是以产品或服务作为回报，如果在规定时间内众筹平台筹集到的项目资金达不到项目目标融资额度，众筹平台应及时将筹集的融资资金返还给投资人。在燕山大学、河北大学、河北工业大学、华北理工大学、河北科技大学、景德镇陶瓷学院等高校以及河北省科学院能源研究所、河北省科学院激光研究所、河北省科学院自动化研究所、汉光太阳能研究所等研究所以及英利绿色能源控股有限公司、晶澳太阳能电池公司、新奥光伏能源有限公司、汉光重工有限公司等河北省太阳能电池企业开发纳米晶太阳能电池技术或将技术商品化时，可利用众筹模式，一方面能够降低融资风险，众筹面向的是大众，故单个个体投资的金额较少，能够有效地分散风险；另一方面，有利于扩大市场份额，为吸引大量投资者的关注，这些单位或企业在项目发起时需对项目进行宣传，且众筹平台亦需对众筹项目进行推广，从而使更多的人对纳米晶太阳能电池技术或纳米晶太阳能电池产品有一定的了解，此外，投资者会站在消费者的角度对项目提出合理化建议，从而使这些项目发起人研究开发的纳米晶太阳能电池技术或产品更能满足消费者需求。

6.4 河北省政府在河北省纳米晶太阳能电池技术产业化的作用

影响河北省纳米晶太阳能电池技术产业化进程的因素很多，既有技术、经济方面的因素，也有社会环境、政策法规方面的因素。因此，在纳米晶太阳能电池产业化进程中不仅有高校、研究所、新能源企业以及资金投资单位或个人等的参与，政府也在纳米晶太阳能电池技术产业化进程中发挥着极其重要的作用。

1. 指导作用

河北省政府通过制定纳米晶太阳能电池技术产业发展规划、产业发展目标以及制定相关政策，以发挥其在河北省纳米晶太阳能电池技术产业化进程中的指导作用。河北省政府制定本地区纳米晶太阳能电池技术产业规划、目标及相关政策，一方面能够引导和调控高校、研究所、新能源企业开展纳米晶太阳能电池技术产业化活动；另一方面能够引导社会、金融机构及风险中介机构等资金投向，为纳米晶太阳能电池技术产业化提供资金保障。

2. 规范作用

河北省政府通过建立有关河北省纳米晶太阳能电池技术产业化的管理体制以及相关法律体系，以发挥其在河北省纳米晶太阳能电池技术产业化进程中的规范作用。建立有关纳米晶太阳能电池技术产业化的管理体制及相关法律体系，能够有效地规范市场机制，保证市场的公平性，为纳米晶太阳能电池技术产业化活动营造良好的外部环境，构建良好的制度框架。

3. 扶持作用

河北省纳米晶太阳能电池技术的产业化，需要本省政府的大力扶持。政府扶持包括两个方面，一是资金扶持，在纳米晶太阳能电池技术开发初期，市场前景不甚明朗时，高校、研究所、企业很难获取社会单位或个人的资金支持，为促进纳米晶太阳能电池技术产业化进程，并鼓励社会单位或个人投资，河北省政府需率先给予研究单位财政支持，并在金融信贷方面上，给予低息或贴息资助；二是人才扶持，为保证开发的纳米晶太阳能电池技术的先进性，加快技术向成品的转化，河北省政府需采取相关措施积极培养太阳能电池技术开发人才，并加大科技人员投入。

4. 质量规制

在河北省纳米晶太阳能电池技术产业化中，本地区政府应积极发挥其质量规制作用。在纳米晶太阳能电池技术商品化产品投入市场前，河北省政府需制定有关技术检测标准以及质量检测体系，以保证技术商品化产品的质量。

6.5 纳米晶太阳能电池重点应用领域研究

6.5.1 纳米晶太阳能电池重点应用领域的确定

目前，各国正积极开拓已商业化的太阳能电池在汽车行业、建筑行业、电子信息行业、服装、石油、军事、航天、生物等多个领域的应用。但目前纳米晶太阳能电池还未产业化，应用领域仍不能确定，此外即使能够确定，也应依据重要性原则，先开拓部分较为重要或易于开拓的应用领域，再由这些应用领域带动其他领域的开拓，循循渐进。为确定纳米晶太阳能电池应用领域以及应重点开拓的应用领域，相关教授在河北工业大学北院召开了“纳米晶太阳能电池应用领域研讨会”，与会人员见表 6.7 所示：

表 6.7　纳米晶太阳能电池应用领域研讨会组成结构

类别	专家来源	人数
高校	燕山大学教授	1
	河北工业大学教授	1
	河北大学教授	1
	华北理工大学教授	1
	河北科技大学教授	1
	景德镇陶瓷学院教授	1
研究所	河北省科学院能源研究所	1
	河北省科学院激光研究所	1
	河北省科学院自动化研究所	1
	汉光太阳能研究所	1

续表

类别	专家来源	人数
企业	英利绿色能源控股有限公司	1
	晶澳太阳能电池公司	1
	新奥光伏能源有限公司	1
	汉光重工有限公司	1

在研讨会上，各专家一致认为纳米晶太阳能电池具有其他已产业化的太阳能电池的特性，甚至在某些方面要优于其他太阳能电池，因此，纳米晶太阳能电池的应用领域应同其他已商业化的太阳能电池应用领域保持一致，即纳米晶太阳能电池可广泛应用于汽车行业、建筑行业、电子信息行业、服装、石油、军事、航天、生物等多个领域，但同时各专家也纷纷表示应循循渐进的开拓纳米晶太阳能电池应用领域，但对于重点开拓的应用领域存在分歧，因此，相关教授提议采取德尔菲法确定并得到与会专家的一致认可。

研讨会秘书首先将整理出的纳米晶太阳能电池应用领域问卷发给每一位与会专家，问卷形式见表 6. 8 所示。每一专家依据自己对纳米晶太阳能电池应用领域重要性的判断分别在很重要、重要、一般选择栏中打对勾。

表 6. 8　纳米晶太阳能电池应用领域问卷

序号	纳米晶太阳能电池应用领域	很重要	重要	一般
1	汽车行业			
2	军事行业			
3	生物行业			
4	服装行业			
5	石油行业			
6	建筑行业			
7	航天行业			
8	电子信息行业			

各专家均填完问卷后，研讨会秘书收集问卷，并进行整理，整理结果见表 6. 9 所示：

表 6.9　纳米晶太阳能电池应用领域统计结果

序号	纳米晶太阳能电池应用领域	很重要	重要	一般
1	汽车行业	9	4	1
2	军事行业	7	5	2
3	生物行业	7	7	0
4	服装行业	4	7	3
5	石油行业	6	4	4
6	建筑行业	10	4	0
7	航天行业	6	7	1
8	电子信息行业	9	5	0

然后，研讨会秘书按照专家们的意见并依据整理结果进行统计，将很重要、重要和一般分别赋值为100、75和50，按照如下公式进行统计计算，统计值结果见表6.10所示。

$$统计值 = (100 \times N_1 + 75 \times N_2 + 50 \times N_3) / N_{all} \tag{6.1}$$

N_1 表示认为纳米晶太阳能电池在某一应用领域很重要的专家人数；N_2 表示认为纳米晶太阳能电池在某一应用领域重要的专家人数；N_3 表示认为纳米晶太阳能电池在某一应用领域一般的专家人数；N_{all}表示所有参与德尔菲法的专家人数。

表 6.10　纳米晶太阳能电池应用领域统计值结果

序号	纳米晶太阳能电池应用领域	统计结果（第一轮）
1	汽车行业	89.3
2	军事行业	83.9
3	生物行业	87.5
4	服装行业	76.8
5	石油行业	75
6	建筑行业	94.6
7	航天行业	80.4
8	电子信息行业	94.6

研讨会秘书将统计结果向与会专家公布，与会专家针对结果进行讨论，讨论时间结束后，开始新一轮的统计，并由研讨会秘书重新发放统计问卷，由与会人员重新填写问卷，问卷及步骤同上。研讨会秘书将回收的问卷进行整理，并依据专家意见以及公式 6.1 对纳米晶太阳能电池应用领域统计值进行计算，其统计值结果见表 6.11 所示：

表 6.11　纳米晶太阳能电池应用领域统计值结果（第二轮）

序号	纳米晶太阳能电池应用领域	统计结果（第二轮）
1	汽车行业	92.9
2	军事行业	78.6
3	生物行业	80.4
4	服装行业	76.8
5	石油行业	89.3
6	建筑行业	94.6
7	航天行业	78.6
8	电子信息行业	96.4

根据两轮的结果计算重要值 V 以及等价判断值。重要值就是指两轮头脑风暴的统计值的乘积，等价判断值是指将在获取重要值后，进行重新核算，以获取的判断值为基数，进行降价处理，将最大值转换为 10，其他的数值分别以最大值作为分母，以专家的判断值的 10 倍为分子，计算出所有重要值的等价判断值。具体公式见下式。纳米晶太阳能电池应用领域重要值以及等价判断值见表 6.12 所示

$$\text{重要值} = \text{统计值（第一轮）} \times \text{统计值（第二轮）} \tag{6.2}$$

$$\text{等价判断值} = \text{重要值} \times 10 / \text{最大重要值} \tag{6.3}$$

表 6.12　纳米晶太阳能电池应用领域重要值以及等价判断值

序号	纳米晶太阳能电池应用领域	重要值	等价判断值	优先顺序
1	汽车行业	8296.0	9.1	3
2	军事行业	6594.5	7.2	6

续表

序号	纳米晶太阳能电池应用领域	重要值	等价判断值	优先顺序
3	生物行业	7035.0	7.7	4
4	服装行业	5898.2	6.4	8
5	石油行业	6697.5	7.3	5
6	建筑行业	8949.2	9.8	2
7	航天行业	6319.4	6.9	7
8	电子信息行业	9119.4.	10	1

研讨会秘书将统计结果向在座专家公布，并由在座专家再次商讨，根据最后商讨意见，各专家一致认为纳米晶太阳能电池重点应用领域应集中于汽车、建筑、电子信息等行业。

6.5.2 纳米晶太阳能电池重点应用领域研究规划

本书在对纳米晶太阳能电池应用领域进行研究时，采用了运筹学规划研究法，以纳米晶太阳能电池产业化为研究起点，纳米晶太阳能电池产业化后十年以及第一个目标实现后十年为时间节点，规划了纳米晶太阳能电池产业化后20年内在汽车行业、建筑行业、电子信息行业的发展。

1. 汽车行业

纳米晶太阳能电池应用到汽车行业，可达到环保降耗的目的。目前，由于汽车尾气引起的空气污染现象已日益严重，已严重影响环境质量以及人们的身体健康，为减少汽车尾气污染同时降低传统能源消耗，应将纳米晶太阳能电池应用到汽车行业，制备纳米晶太阳能电池汽车，其原理是将纳米晶太阳能电池或纳米晶太阳能电池板安装于汽车顶棚，纳米晶太阳能电池或电池板经光照后，将光能转换成为电能，并产生电流，进而驱动汽车发动机正常运行，最终驱动汽车前行或驱动汽车内空调、音响、照明灯、风扇、导航等的正常运行。

在纳米晶太阳能电池产业化后的10年内，纳米晶太阳能电池汽车重点突破的目标是：实现纳米晶太阳能电池的汽车辅助能源作用，在汽车上安装纳米晶太阳能电池，使其为汽车各种辅助设施提供电能，以保证在仅利用太阳能的情况下便可实现汽车内空调、音响、照明灯、风扇、导航等的正常运行。重点突破的内容是：实现纳米晶太阳能电池汽车的完美造型，采取合适的纳米晶太阳能电池安装方式，使纳米晶太阳能电池汽车与普通汽车在造型上几乎无差别；提高汽车纳米晶太阳能电池的蓄电能力，以保证在阴天状态下或弱光环境里汽车内的辅助设施仍能在一定时间内正常运行。在实现纳米晶太阳能电池汽车辅助能源作用后的10年内，纳米晶太阳能电池汽车重点研究的目标是：实现纳米晶太阳能电池的汽车驱动作用，使汽车安装纳米晶太阳能电池的目的不仅仅是为汽车辅助设施提供电能，而且能够作为驱动力，驱使汽车行驶。重点突破的内容是：实现纳米晶太阳能电池汽车的混合动力系统，混合动力纳米晶太阳能电池汽车行驶主要是依靠常规能源和太阳能新能源共同驱动，在高速行驶的情况下，纳米晶太阳能电池汽车主要依靠常规能源驱动；在低速行驶下，其可仅依靠纳米晶太阳能电池发电驱动，以达到节能减排的效果；实现高功率、长续航里程的纳米晶太阳能电池汽车，以降低纳米晶太阳能电池汽车与普通汽车在速度方面的差别，在纯电动模式下能够保证汽车行驶一定的里程。纳米晶太阳能电池汽车行业应用的重点突破目标以及重点突破内容如下图6.1所示：

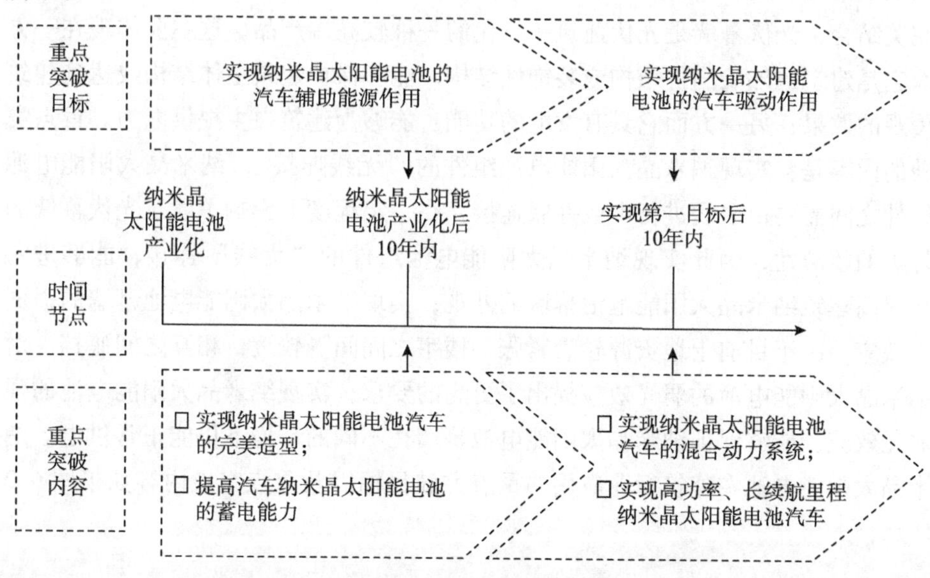

图6.1　纳米晶太阳能电池在汽车行业研究

2. 建筑行业

光伏建筑一体化，即 BIPV，是目前建筑行业发展的一个重要方向，同时是未来纳米晶太阳能电池重点应用领域。由于光伏组件并不是直接、简单地安装在建筑表面，而是与建筑体实现完美结合，代替其部分建筑材料或与主要建筑材料融合为一体，既能实现太阳能电池发电功能，同时能够降低建筑材料消耗或是能够突出建筑体的独特设计风格。

在纳米晶太阳能电池产业化后的 10 年内，纳米晶太阳能电池光伏建筑一体化需重点突破的目标是实现纳米晶太阳能电池与屋顶的完美结合，将纳米晶太阳能电池发电系统与建筑物屋顶结合，既能够使纳米晶太阳能电池充分吸收太阳光能，提高其光电转换效率，同时能够有效降低建筑体屋顶材料消耗。需重点突破的内容是：实现纳米晶太阳能电池光伏屋顶的视觉效果，在设计构建时，应采取合适的构建方式，使纳米晶太阳能电池光伏屋顶既实用又美观，不会破坏建筑物的整体完整性的视觉效果；满足户主用电需求，建筑物户主可仅利用纳米晶太阳能电池发电，便可满足自身正常用电需求，以降低户主用电成本，避免用电高峰。实现纳米晶太阳能电池光伏屋顶后的 10 年内，纳米晶太阳能电池光伏建筑一体化需重点突破的目标是实现纳米晶太阳能电池与幕墙的完美结合，光伏幕墙是光伏建筑一体化的一种较高端产品，这主要体现在一方面它是建筑的外墙围护结构或装饰性结构，能够保护建筑主体结构或达到建筑美观的效果；另一方面它具有发电的功能，能够为建筑户主提供电力。重点突破的内容是：实现纳米晶太阳能电池组件的“无线连接”，纳米晶太阳能电池组件之间需要很多线进行串或并联连接，在一定程度上影响了建筑光伏幕墙的外观的整洁性，因此实现纳米晶太阳能电池组件的“无线”连接，能够进一步提高建筑纳米晶太阳能电池幕墙的外观；实现纳米晶太阳能电池幕墙的强弱光效应，由于目前土地资源较为紧张，楼宇之间间隔较近，相互之间遮挡，对纳米晶太阳能电池的弱光效应提出了更高的要求，实现纳米晶太阳能电池的强弱光效应，能够保证纳米晶太阳能电池幕墙在不同的环境下仍能正常供电。纳米晶太阳能电池在建筑行业应用的重点突破目标以及重点突破内容如下图 6. 2 所示：

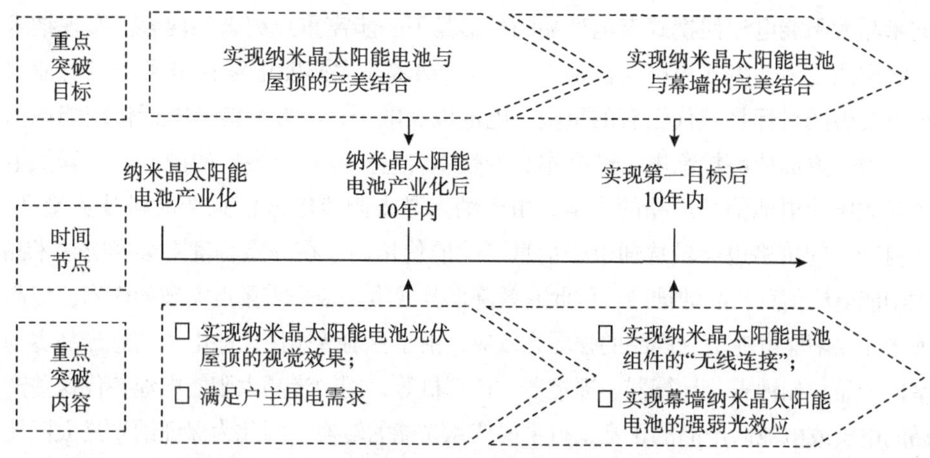

图 6.2 纳米晶太阳能电池在建筑行业研究

3. 电子信息行业

电子信息行业是国家经济增长的重要引擎，是国民经济重要战略性行业，其技术水平的先进性是国家抢占市场的先决条件。纳米晶太阳能电池在电子信息行业的应用，能够提高电子信息行业的技术水平，从而进一步提高市场竞争力。

在纳米晶太阳能电池产业化后的 10 年内，其应用在电子信息行业需重点突破的目标是实现纳米晶太阳能电池的便携式充电功能，目前由于 MP3、MP4、平板电脑、数码相机、手机等电子产品的普及与应用，使其成为人们生活的一部分，但由于外出充电的不便给人们带来了困扰，现在市场上的重金属充电器在一定程度上解决了这一问题，但由于其自身的重量以及体积的影响，给人们带来了携带方面的不便，实现纳米晶太阳能电池的便携式充电功能，在一定程度上能够解决诸如上述问题，满足外出人员对便携式充电的需求。需重点突破的内容是：实现纳米晶太阳能电池便携式充电产品设计，采取合适的设计构造将纳米晶太阳能电池与其他实用性产品或常用性产品融合为一体，设计出既实用又便携的纳米晶太阳能电池充电产品，如纳米晶太阳能电池服装、纳米晶太阳能电池皮包手袋等，外出时，穿上纳米晶太阳能电池服装或携带纳米晶太阳能电池皮包手袋等，既能达到实用的效果又可以在外出过程中充电；优化纳米晶太阳能电池便携式产品外形，纳米晶太阳能电池便携式充电产品的接收装置的造型在一定程度上会影响与之融合一体的实用品的美观，可能使部分使用者难以接受，因此进一步提高纳米晶太阳能电池便携式充电产品的外形是下一步需重点突破的内容。实现纳米晶太阳能电池便携式充电功能后 10 年内，纳米晶太阳能电池在电子信息行业需重点突破的目标是替代已有的重金属电池以及电子，一方面能够降低传统能源消耗，另一方面能够提高电子产品本身的技术含量。需重点突破的内容是：降低纳米晶太阳能电池信息产品的成本，由于纳米晶太阳能电池信息产品科技含量高，使得产品的价格也会较普通电子信息产品的价格高，在一定程度上会影响纳米晶太阳能电池信息产品的推广，因此有效降低其成本是未来需重点突破的内容；提高纳米晶太阳能电池信息产品的强弱光效应，由于目前普遍使用的电子信息产品多为室内产品，如钟表、计算器、遥控器、计算机等，用纳米晶太阳能电池替代这些产品的电子或电池后产品的正常运行主要依靠光能的转换，因此为保证纳米晶太阳能电池信息产品在弱光下也能够正常运行应提高其产品的强弱光效应。纳米晶太阳能电池在电子信息行业应用的重点突破目标以及重点突破内容如下图 6.3 所示：

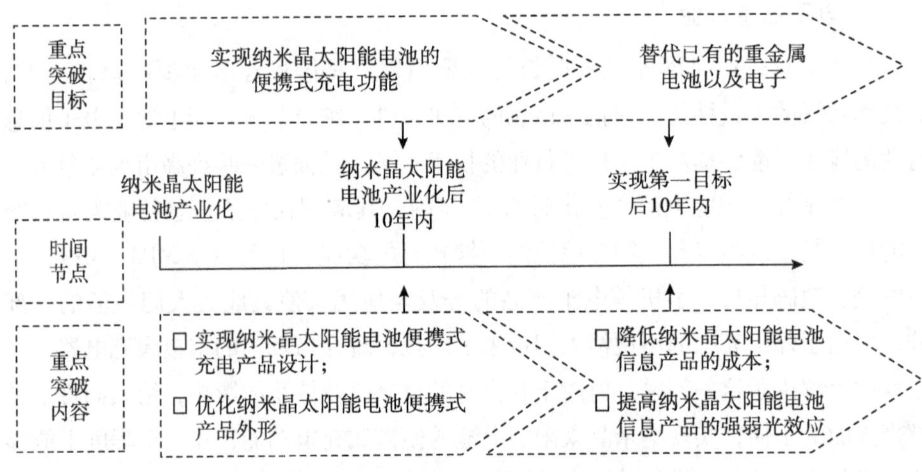

图 6.3　纳米晶太阳能电池在电子信息行业研究

6.6　河北省纳米晶太阳能电池技术产业化模型框架

依据上述对河北省纳米晶太阳能电池技术发展方向及研发主体，技术产业化组织模式，技术产业化资金筹措模式，政府在纳米晶太阳能电池技术产业化中的作用以及纳米晶太阳能电池重点应用行业等的研究，本课题构建了河北省纳米晶太阳能电池技术产业化模式框架，如下图 6.4 所示：

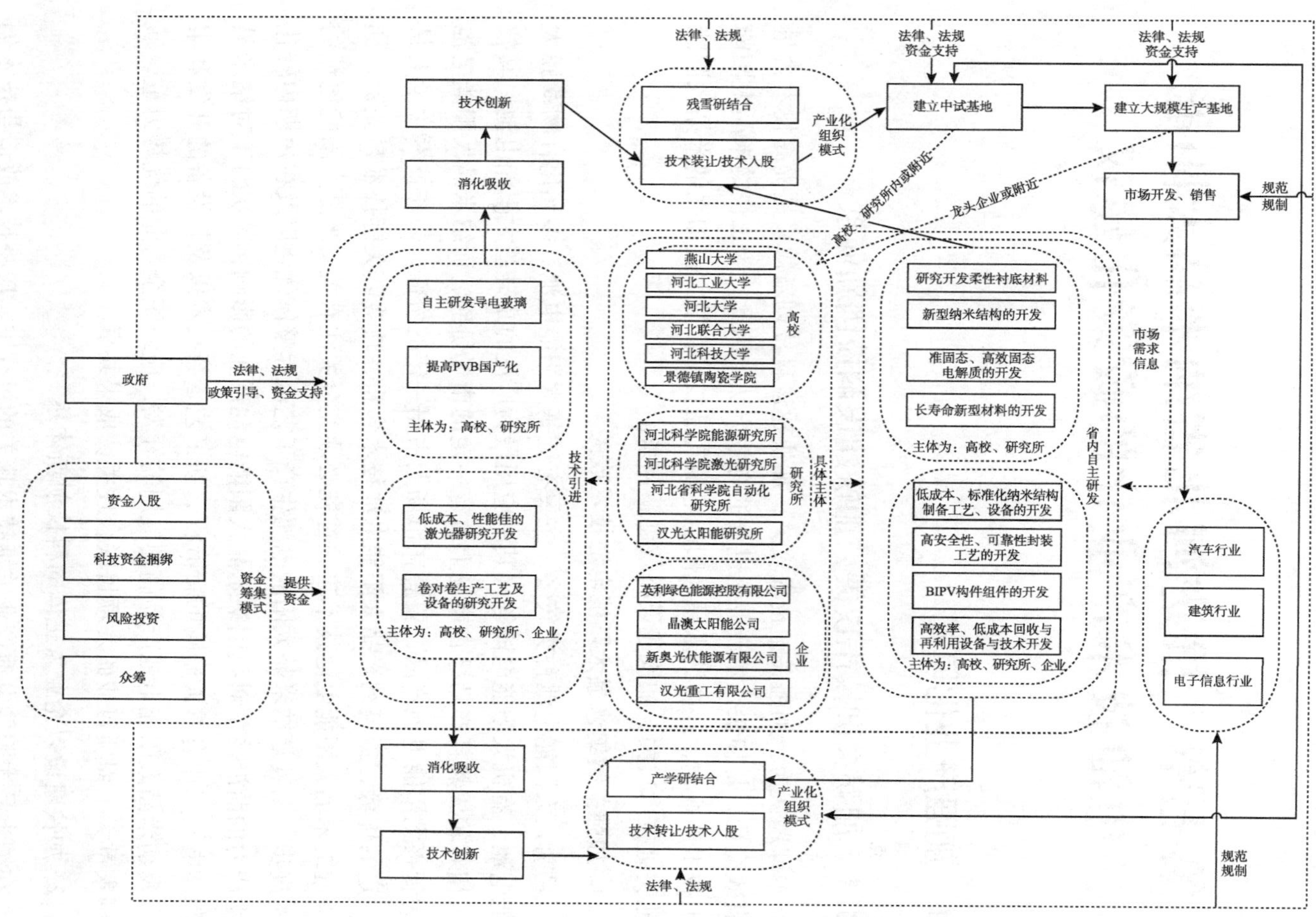

图 6.4 河北省纳米晶太阳能电池技术产业化模式框架

第七章　推进河北省纳米晶太阳能电池技术产业化的政策化建议

7.1　加强产业化模式

7.1.1　加强关键技术攻关，加快建设科技创新体系

本课题认为，加强关键技术攻关，加快建设科技创新体系是提高技术含量的有效途径，是加快技术产业化进程的有效方法，因此，为加快纳米晶太阳能电池技术产业化，提高纳米晶太阳能电池产品技术含量，应加强纳米晶太阳能电池关键技术攻关，加快建设科技创新体系。

1. 加强关键纳米晶太阳能电池技术攻关

目前，太阳能电池种类较多，主要有硅基太阳能电池、多元化合物薄膜太阳能电池、有机太阳能电池等，其中应用最为广泛的是硅基太阳能电池，其技术已相对较成熟且产品已在市场上占有一定的市场份额，而纳米晶太阳能电池作为新兴太阳能电池产品，要想在市场上占据一定的份额，需在技术含量上具有一定的优势，提高纳米晶太阳能电池技术含量，攻克其关键技术是关键，加强关键纳米晶太阳能电池技术攻关首先必须充分关注有关纳米晶太阳能电池的技术进步，尤其是纳米晶太阳能电池生产工艺流程整体优化以及在短期内转化为生产力的前沿技术对我国纳米晶太阳能电池产业的影响；其次对于对纳米晶太阳能电池产业有重大影响的新流程、新工艺、新技术以及新设备的开发和集成以及纳米晶太阳能电池产品高端应用的开发，应组织全行业的优势力量，通过国家重大工程项目或研发项目联合攻关，成果共享。

2. 加快建设以企业为主体的科技创新体系

在纳米晶太阳能电池产业关键技术攻关的过程中，应将技术改造与技术创

新结合起来，加快科技创新体系建设。首先，企业应为技术自主创新的主体，创新是提高企业竞争力和实现其快速发展的有效途径。在经济发达国家，对于经济有重大影响的技术绝大部分来自于企业，国家重大项目也大部分是由龙头企业完成的，龙头企业通过不断地提高自主创新能力，进而不断提升产品技术含量，因此，应建立以太阳能电池企业或其他应用纳米晶太阳能电池企业如汽车行业、建筑行业、电子信息行业等为技术创新主体的科技创新体系；其次，提高纳米晶太阳能电池产业集中度，产业集中度是表明企业在市场上的地位高低和对市场支配能力的强弱，产业集中度低既不利于要素资源优化配置、技术集成，也无法调动企业自主创新的积极性，通过联合重组、吞并，或优化企业结构、进行产业升级等形式提高纳米晶太阳能电池企业或其他应用纳米晶太阳能电池的行业如汽车、建筑、电子信息等行业的产业集中度，以调动企业自主创新的积极性，提高企业自主创新能力。

7.1.2　加强省内产学研合作

纳米晶太阳能电池技术作为高新技术已受到国内外光伏行业以及其他行业的广泛关注，国内外为抢占纳米晶太阳能电池技术制高点均积极致力于纳米晶太阳能电池技术的研究开发，而河北省在纳米晶太阳能电池技术方面的研究相对不足，无论是在核心技术方面还是在产业化方面均落后于国外以及国内其他省市区，但目前纳米晶太阳能电池还未产业化，这为河北省抢占纳米晶太阳能电池技术制高点提供了契机，为加速河北省纳米晶太阳能电池技术产业化进程，我们课题组认为，河北省应加强省内技术研发合作，进一步推动产学研的有机结合。

本书在河北省纳米晶太阳能电池技术产业化组织模式中提出了技术入股模式、技术转让模式、产学研一体化模式等三类产业组织模式，但为加快纳米晶太阳能电池产业化进程，本课题较为提倡产学研一体化模式。为加强纳米晶太阳能电池技术交流，河北省应进一步推进基础研究——应用研究——技术转移一体化的科研路线，营造良好的产学研合作环境，提高太阳能电池企业、高校、研究所合作的积极性。进一步推进产学研一体化，鼓励太阳能电池企业在项目立项前便投入科研力量，积极参与纳米晶太阳能电池技术的研发，在项目实施阶段应加大资金投入，在纳米晶太阳能电池技术作为成果产出后应积极进行成果转化，以提高本企业竞争力；通过法律、法规，明确太阳能电池企业、高校、科研所等各方的利益，并加以维护，以保障各方的权益，确保产学研的长期合作；通过强化管理，以推动科研与经济的有效结合；通过加大资金投入，引导产学研的合作。此外，太阳能电池企业内部应建立良好的技术创新机制以及技术研发激励机制，以培养、提高企业的自主创新能力。

7.1.3 加大资金投入、进行多渠道融资

本课题认为，由于河北省纳米晶太阳能电池技术基础较弱，在发展纳米晶太阳能电池产业时，可能存在其对政府专项资金不能充分利用的问题，即政府专项资金在纳米晶太阳能电池产业化过程中不能充分发挥作用，但由于河北省硅基太阳能电池技术已较为成熟，且硅基太阳能电池组件已在国际以及国内有一定的市场份额，因此河北省光伏企业不愿意转换资金投入方向，而是继续对硅基太阳能电池投入一定的资金，以获得一定的效益，因此，尽管政府专项资金在纳米晶太阳能电池产业化过程中可能不能充分发挥作用，但其在一定程度上能够鼓励河北省光伏企业发展纳米晶太阳能电池产业，并能解决河北省高校、研究所研究开发纳米晶太阳能电池技术经费不足的问题，可以说政府资金是推动河北省纳米晶太阳能电池产业发展的重要推动力。因此河北省政府应对可行性纳米晶太阳能电池技术开发以及纳米晶太阳能电池项目开发拨付一定的款项，或设立纳米晶太阳能电池研发专项基金。在拨付款项或设立专项基金时，需分析技术开发的可行性并依据技术开发的难易程度核算研发资金，避免因技术不可行造成资金浪费或技术开发资金预算不足致使技术无法正常开发。另外，河北省应进一步加强招商引资力度，引导社会投资参与纳米晶太阳能电池产业化；大力支持纳米晶太阳能电池企业上市融资；建立河北省政府与金融机构间的沟通交流机制，搭建企业、金融机构的合作交流平台，并向金融机构主动推荐河北省内重点发展的纳米晶太阳能电池项目；鼓励投资企业、风险投资机构加大对纳米晶太阳能电池产业化的投资。

7.2 加强与国外、国内其他省市区间的合作

7.2.1 与纳米技术先进地区或国家建立正式合作网络

纳米晶太阳能电池技术产业化的科研基础是纳米技术，纳米技术的发展是

促进纳米晶太阳能电池技术产业化的前提条件，本课题认为发展纳米晶太阳能电池产业化应首先发展纳米技术。

资金是技术发展的物质基础，知识是技术发展的推动力，各主体间由于知识存量的差异存在知识溢出现象，且由于合作网络的出现，知识溢出已不在受地理距离的限制，因此本书认为我国区域纳米技术的发展除受现有技术能力影响外，政府的专项资金以及区域间协作交流产生的知识溢出均对其有影响，但由于领先地区与落后地区间现有技术能力、知识存量存在较大差异，因此政府的专项资金以及区域间协作交流产生的知识溢出效应对两者的影响效果显著性情况存在差异。本课题为明确政府专项资金以及合作网络产生的知识溢出效应对河北省纳米技术发展的影响效果，特通过实证分析研究这两项因素对我国纳米技术领先地区和纳米技术落后地区的影响。本课题划分纳米技术领先地区与落后地区主要依据该地区纳米技术出版物占本地区技术类出版物的比例是否达到或超过25%，达到或超过25%，该地区为纳米技术领先地区，低于25%为纳米技术落后地区。

1. 数据和方法

本课题分析的数据是涵盖了我国11年（2000~2010）和30个地区❶的面板数据。技术产出（通过专利申请量来衡量）是因变量。国家自然科学基金提供的纳米资金、通过协作网络和地理位置趋近所获得的知识溢出效应以及资金溢出效应作为本书研究的自变量，同时利用从中国专利全文数据库中搜集到的30000多个纳米专利的申请以及从汤森路透科学网（WOS）收集到的164000份关于纳米的出版物，构建了一个跨区域间协作指数❷。此外，本课题还给出了国际间合作的指标。区域间协作的矩阵是基于中国区域内所有合作撰写的纳米出版物的数据建立的，而国际间合作变量则更具权威性。因为，这个变量指的是中国国内的每一个区域与国外27个国家的科学家协作撰写的出版物的数量❸。选定这27个国家的依据是，在研究期间，此国家至少有10篇文章是同其他国家的研究者共同撰写的。根据协作撰写的纳米出版物的序号顺

❶ 中国共有31个省级区域，其中西藏的数据无法获得

❷ 没有找到合作取得纳米专利的数据，所以我们用协作出版的纳米出版物的数据，建立区域间和国际合作的矩阵

❸ 中国香港和澳门的S&T体系与内地不同，所以我们将这两个地区作为“外国”城市

序，这27个国家包括：美国、香港、日本、德国、澳大利亚、新加坡、英国、韩国、加拿大、法国、瑞典、台湾、瑞士、西班牙、荷兰、比利时、印度、俄罗斯、爱尔兰、苏格兰、巴基斯坦、挪威、葡萄牙、奥地利、马来西亚、巴西和澳门。

通过以下两种方式，可以产生知识溢出。首先是传统的地理位置上接近。假设i和j两个区域间在地理位置上的距离是d_{ij}，那么从j到i形成的空间溢出权数矩阵可以由以下式子表示（Vinciguerra 等，2011）[187]：

$$w_{ij} = w_{ij}^* / \sum_j w_{ij}^* \tag{7.1}$$❶

其中，距离权重w_{ij}^*是i和j之间距离❷的平方的倒数，即（$1/d_{ij}^2$）。其次，溢出效应还可以通过协作网络产生。动态协作指数的计算方法如下，假设PUB_{ijt}是指区域i与其他国家的区域在t年合作撰写了有关纳米的文章。

$$\begin{bmatrix} P_{1,1,t} & P_{1,2,t} & \cdots & \cdots & \cdots & P_{1,31,t} \\ \cdots & \cdots & \cdots & \cdots & \cdots & \cdots \\ \cdots & \cdots & \cdots & \cdots & \cdots & \cdots \\ P_{i,1,t} & \cdots & \cdots & P_{i,j,t} & \cdots & \cdots \\ \cdots & \cdots & \cdots & \cdots & \cdots & \cdots \\ P_{31,1,t} & \cdots & \cdots & \cdots & \cdots & P_{31,31,t} \end{bmatrix} \tag{7.2}$$

区域i从区域j获得的纳米支持资金的溢出效应以及知识溢出效应分别是：

$$资金溢出_{it} = \frac{PUB_{ijt}}{PUB_{jt}} \text{（j = 区域 1，区域 2，…，区域 31，} \tag{7.3}$$

$$知识溢出_{it} = \frac{PUB_{ijt}}{PUB_{jt}} * F \text{（j = 区域 1，区域 2，…，区域 31，} \tag{7.4}$$

其中，F_{jt}在t年收到区域j的纳米支持资金，PAT_{jt}是区域j在t年的纳米专利数。

为了能够测量与国外协作所产生的影响，本课题用以下式子来衡量国际间合作的强度：

❶ 在这个模型中，溢出比重已经标准化，假设i从区域j获得的溢出效应受到从其他区域获得的溢出效应的限制

❷ 各省间的距离可以用他们的省会城市间的距离来衡量，这主要是因为考虑到一个省会城市一般是这个省的商业和技术的中心

$$CI_{it_{international}} = \frac{\sum PUB_{ikt}}{PUB_{it}} \quad (k = foreign1, foreign2, \cdots, foreign27) \qquad (7.5)$$

这里的 $CI_{it_{international}}$ 是地区 i 在 t 年与选定的 27 个国家间的国际合作指数，PUB_{ikt} 是 t 年区域 i 与国外城市 k 合作发表的论文。

考虑到一般区域的科学能力和区域的大小，本书将区域的 R&D 强度（总 R&D 占 GDP 的比例）、非纳米专利申请力以及区域人口数作为控制变量。

2. 实证分析和结论

本课题通过数据统计发现，尽管我国整体纳米技术发展迅速，但我国区域间纳米技术发展状况不均衡，我国国内大部分的纳米技术项目通常都集中在少部分地区，特别是集中在北京、上海以及江苏等地区，据 2000 ~ 2009 年的统计数据，这些地区的纳米出版物总量占全国的 50%，同时这些地区也是我国政府资金投入最多的地区，见图 7.1 所示。但是，由纳米出版物数以及纳米专利申请数的变异系数的减小趋势可知，我国纳米技术发展不均衡这一状态似乎正在发生改变，如图 7.2 所示，纳米出版物的变异系数从 1999 年的 1.71 降至 2010 年的 1.14，纳米专利申请的变异系数从 1999 年的 1.95 降到了 2010 年的 1.34。

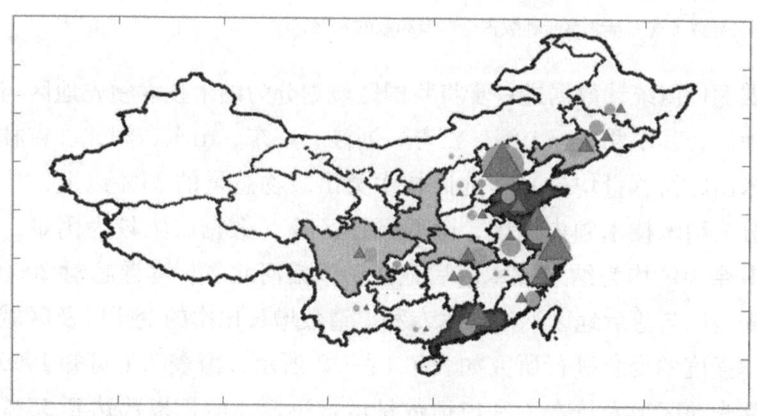

图 7.1　2000 ~ 2009 年纳米基金、R&D 经费投入与纳米科研成果的区域分布

注：1）所用数值是 2000 到 2009 年的总和。2）蓝色曲线表示的是一般 R&D 经费支出（颜色越深，支出水平越高）；绿色圆圈代表纳米支持资金（圆圈越大，资金越多）；红色三角形代表的是纳米专利申请量（三角形越大，申请量越多）

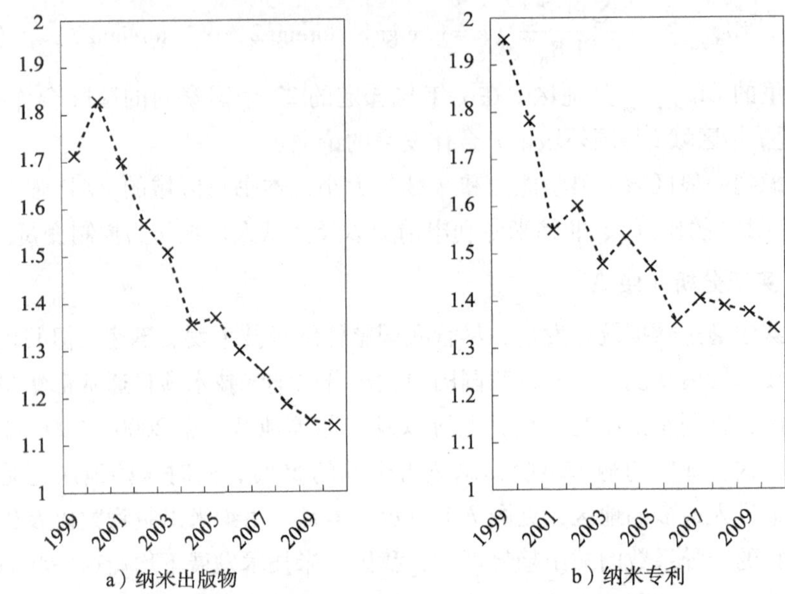

图 7.2　区域纳米出版物和纳米专利的变异系数

数据来源：作者自己计算

注：1）区域不包括西藏地区；2）本文剔除了一个极度异常值：由于 2001 年某人在北京申请了 911 例专利，导致了这一年北京专利数占全国专利数的 85%。

本课题依据统计数据进一步将我国区域划分为纳米技术领先地区与纳米技术落后地区，其中北京、上海、江苏、浙江、广东、山东、湖北、吉林等八省市的纳米出版物总量均占其本地区技术类出版物总量的 25% 以上，故将这八省市划分为纳米技术领先地区，除西藏地区外（数据收集较为困难，故将其排除）其余地区均为纳米技术落后地区，包括河北省。本课题对 2000 ~ 2010 年间领先地区与落后地区纳米技术专利申请数增长比率的变化以及区域间纳米科学合作强度的变化进行研究如表 7.1、7.2 所示，由表 7.1 可知 1999 ~ 2004 年间，领先地区纳米技术专利申请数量增长迅速，增长指数达到 55%，而落后地区增长指数为 52%；而在 2005 ~ 2010 年间，落后地区积极致力于纳米技术的发展，纳米专利申请数量由 692 例增加到 1914 例，增长指数达到了 23%，超过了领先地区的增长指数；同时由表 7.2 可知，1999 ~ 2004 年，我国整体区域间合作强度约为 48%，2005 ~ 2010 年，整体区域间合作强度约为 57%，合作强度大约增加了9%，对比领先地区与落后地区在这两个时间区间的区域合作强度，落后地区合作强度均明显高于领先地区的合作强度，都呈现增加的趋势，但增加幅度相差较大，落后地区合作强度大约增加了11%，而领先地区合作强度仅增加不到2%。

表7.1 2000～2010年领先地区与落后地区纳米技术专利申请数量及增长指数

	纳米技术专利申请数量			增长指数	
年份或年区间	2000	2005	2010	1999～2004	2005～2010
领先地区（8个）	189	1704	4419	55%	21%
落后地区（22）	86	692	1914	52%	23%

表7.2 区域间纳米科学合作强度（%）

	1999～2004	2005～2010	增加幅度
所有地区	47.7	56.8	9.2
领先地区	37.2	39.0	1.8
落后地区	53.6	64.8	11.1

基于上述研究，本书初步认为，由于落后地区积极参与纳米技术的研究，我国区域纳米技术发展局势正在发生改变；此外，领先地区纳米技术的发展与政府资金投入之间存在一定的关系，落后地区纳米技术的发展与合作网络之间存在一定的关系，为进一步探索其关系，本课题进一步通过负二项回归模型研究政府专项资金以及合作网络对领先地区以及落后地区的影响。需特别指出的是，由于区域的专利申请量还受到许多我们无法测算的因素影响，所以本书选用了一个固定效应的模型。此外，本研究还设置了完整的年度虚拟变量。回归分析结果如表7.3所示：

模型1是与测量区域知识溢出的传统模型相类似的一种模型。测量结果表明，正式的合作能够产生知识溢出效应，地理位置上的接近对知识溢出效应的产生没有显著影响。这主要是由于我国是一个大国，各区域间相距甚远。本课题在模型2中添加了资金变量，此变量对知识溢出效应有积极的影响，并且系数值显著。这表明，为纳米技术研究提供的财政支持对这项技术在我国的发展

表 7.3　纳米技术专利申请量负二项回归分析结果

	所有区域			领先区域			落后区域		
	（1）	（2）	（3）	（4）	（5）	（6）	（7）	（8）	（9）
纳米资金		0. 069209 **	0. 059644 *		0. 261158 **	0. 227489 **		0. 036649	0. 031894
		（0. 034814）	（0. 035503）		（0. 112990）	（0. 111650）		（0. 035997）	（0. 037242）
纳米技术溢出——协作	0. 288501 ***	0. 269558 ***		−0. 000574	−0. 044862		0. 426995 ***	0. 412728 ***	
	（0. 072444）	（0. 072859）		（0. 165590）	（0. 162242）		（0. 092054）	（0. 093080）	
纳米技术溢出——地理位置接近	0. 055862	0. 039546		0. 163572	0. 182741		0. 026275	0. 013828	
	（0. 101756）	（0. 100105）		（0. 162505）	（0. 155873）		（0. 182652）	（0. 181035）	
纳米资金溢出——协作			0. 185621 ***			−0. 172631			0. 210956 ***
			（0. 066180）			（0. 167441）			（0. 076190）
纳米资金溢出——地理位置接近			0. 148355			0. 321848 **			0. 223187
			（0. 097304）			（0. 141995）			（0. 171135）
国际间合作强度	0. 003347	0. 004464	0. 003499	−0. 012286	−0. 012496	−0. 013467	0. 005792	0. 006587 *	0. 004555
	（0. 003371）	（0. 003494）	（0. 003524）	（0. 009022）	（0. 008839）	（0. 008714）	（0. 003748）	（0. 003870）	（0. 003943）

续表

	所有区域			领先区域			落后区域		
	(1)	(2)	(3)	(4)	(5)	(6)	(7)	(8)	(9)
控制变量									
R&D/GDP	0. 135637 ***	0. 122604 ***	0. 143286 ***	0. 156801 ***	0. 079116	0. 061044	0. 040725	0. 045979	0. 165137
	(0. 037195)	(0. 036772)	(0. 036641)	(0. 040606)	(0. 050941)	(0. 053984)	(0. 115892)	(0. 114961)	(0. 117089)
非纳米专利/R&D	0. 213089 ***	0. 230750 ***	0. 268223 ***	0. 457267 ***	0. 385260 ***	0. 435254 ***	0. 054708	0. 077536	0. 131879
	(0. 077893)	(0. 077191)	(0. 078885)	(0. 119455)	(0. 118738)	(0. 118204)	(0. 116472)	(0. 118323)	(0. 122916)
人口	-0. 690178 ***	-0. 683591 ***	-0. 664616 ***	-0. 880570 ***	-0. 907801 ***	-0. 990844 ***	-0. 724602 **	-0. 726817 **	-0. 520562 *
	(0. 172020)	(0. 169030)	(0. 172282)	(0. 228344)	(0. 211667)	(0. 204048)	(0. 332517)	(0. 328042)	(0. 310448)
固定变量	6. 993612 ***	6. 509646 ***	5. 459232 ***	8. 739974 ***	7. 473759 ***	7. 932962 ***	7. 787825 **	7. 544184 **	4. 344867
	(1. 449894)	(1. 440635)	(1. 528539)	(2. 011182)	(1. 998319)	(2. 157389)	(3. 170092)	(3. 129318)	(2. 996995)
观察变量	330	330	330	88	88	88	242	242	242
区域数量	30	30	30	8	8	8	22	22	22

注：1）因变量是纳米专利申请量；2）解释变量滞后一年；3）不含年度虚拟变量；4）＊＊＊表示显著水平在1%；＊＊表示显著水平在5%；＊表示显著水平在10%

有明显积极的促进作用。模型 3 中，本课题用那些以资金为基础的变量替换了技术溢出变量（接近感应和协作感应），这是因为这两组变量的高度共线性导致二者不能同时存在于一个模型中。所得到的结果跟之前的有些相似，资金通过协作网络促进知识溢出效应的产生，而不是依靠地理位置上的接近。接下来，本书分别单独分析领先地区和落后地区相关纳米技术的科研能力。研究结果表明，直接资金支持只对领先区域的专利申请量有显著的促进作用（模型 5 和模型 6），对落后地区则没有明显影响（模型 8 和模型 9）。与此结论相一致的是，图 7.3 显示了这两个区域在获得资金支持和专利申请量的变化之间有着截然不同的表现。与直接资金支持所产生的不同影响相反的是，通过协作产生的溢出效应（纳米技术和纳米资金）对落后地区有促进作用（模型 7、8 和 9），而对领先地区则没有影响（模型 4、5 和 6）。这表明，由于落后地区的能力较差，导致从中央政府获得的直接研发支持受益较小。但他们通过与领先地区进行正式合作，成为领先地区内产生的知识溢出的间接受益者。

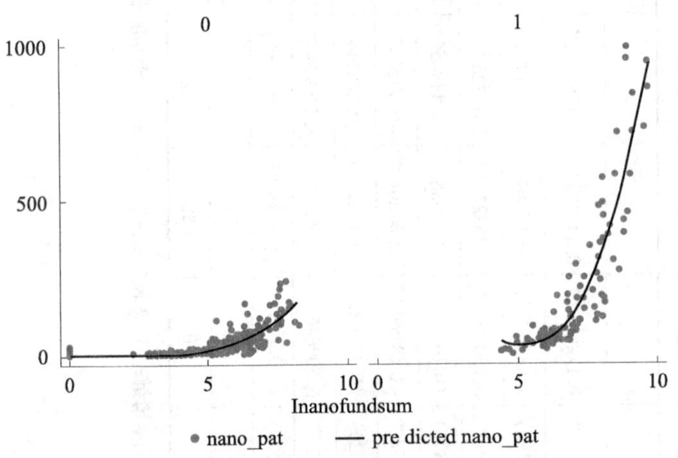

图 7.3　纳米专利申请和纳米支持资金

3. 河北省与纳米先进地区或国家建立正式合作网络

本课题研究表明，有较高科研能力的区域，政府的特定支持资金对此区域内纳米技术的发展有积极的影响；而对于落后区域内纳米技术的发展则影响不显著。然而，通过科学家们的社交网络所产生的跨区域知识溢出效应对落后区域的纳米技术发展存在显著的影响。河北省作为纳米技术落后地区，通过与相对较发达区域内的科学家们建立合作网络可促进其纳米技术的发展。因此，河北省应与纳米技术较先进地区如北京、上海、江苏、浙江、广东、山东、湖北、吉林等八省市内的科学家们建立正式合作网络，通过正式合作网络渠道，消除地理距离对知识扩散的影响，实现区域间知识的有效溢出、部分资源的共享。此外，有学者经研究证实，国际间合作要比国内合作更能产生高质量的研究（Frenken 等，2010）[188]，并能使其更快、更容易的进入新领域，因此河北省应加强与纳米技术领先国建立正式合作网络。

本课题以 nano 为主题、以国家/地区为精炼因素通过河北工业大学图书馆外文数据库——THOMSON REUTERE（WEB OF SCIENCE）对 2000 年～2015 年期间世界各国纳米科技出版物数量进行检索，并列举出在此期间纳米科技出版物位居世界前 20 的国家，如下图 7.4 所示，2000 年～2015 年间我国纳米科技论文数总量居世界之首，美国、日本等国纳米科技出版物总量不及我国，分别位居世界第二名、第三名。纳米科技出版物引用频次能够反映出纳米科技出版物质量以及其转化为应用研究的潜力，引用频次越高，表明纳米科技出版物水平越高，转化为应用研究的潜力越大，本课题在上述研究的基础上，进一步对 2000 年～2015 年间纳米科技出版物数位居世界前 20 的国家的引用频次在 100 或 100 以上的纳米科技出版物数进行统计，如下图 7.5 所示，在美国、日本的纳米科技出版物中，均有 659 篇出版物的引用频次在 100 或 100 以上，分别占本国纳米科技出版物总量的 2.83%、5.51%，纳米科技出版物质量均居世界之首，在我国 33291 篇纳米科技出版物中，有 320 篇出版物的引用频次在 100 或 100 以上，占我国纳米科技出版物总量的 0.96%，我国纳米科技出版物质量与美国、日本存在较大的差距，因此本课题认为，尽管在研究期间我国的纳米科技出版物在数量上已远远超过美国、日本等国，但在出版物质量方面却与美国、日本等国相距甚远，这表明我国纳米技术水平与美国、日本等国仍存在一定的差距，因此，我国应与美国、日本等国建立正式合作网络，通过正式合作网络，促进美国、日本等国有关纳米技术知识迅速扩散至我国。

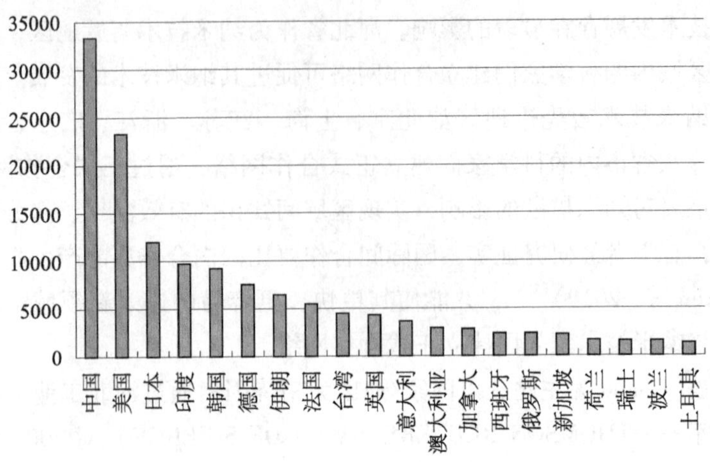

图 7.4　2000 年～2015 年纳米技术出版数位居世界前 20 的国家

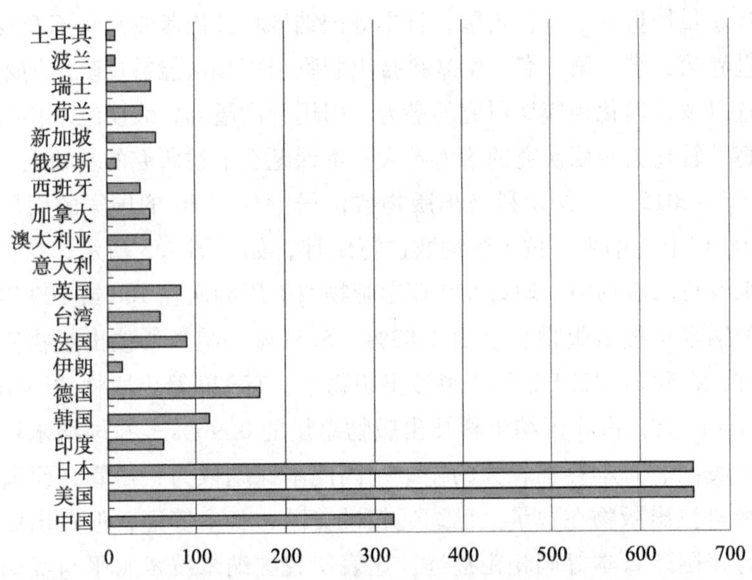

图 7.5　2000 年～2015 年纳米技术论文数位居世界前 20 的国家的引用频次在 100 或 100 以上的纳米科技出版物数

值得一提的是，河北省与我国北京、上海、江苏、浙江、广东、山东、湖北、吉林等八省市以及美国、日本等国家建立合作网络的同时，应提高自身识别、吸收、整合纳米技术知识的能力，建立和完善现代大型纳米晶太阳能电池加工设备共享库、大型纳米晶太阳能电池科研仪器共享库、光伏企业协同设计开发服务平台，以充分利用国内其他省市区以及其他国家的知识和资源，促进本地区纳米技术的发展，提高其在合作网络中的地位。

7.2.2 引进国外或国内其他省市区纳米晶太阳能电池相关技术、专业人才

本书认为引进国外或国内其他省市区先进纳米晶太阳能电池相关技术是降低河北省研究、开发纳米晶太阳能电池技术成本的有效途径，同时，引进纳米晶太阳能电池技术专业人才可为河北省研究、开发纳米晶太阳能电池技术储备技术人才。因此本课题认为引进国外或国内其他省市区纳米晶太阳能电池相关技术、专业人才是加速河北省纳米晶太阳能电池技术产业化进程的有效途径。

为确定我国各省市区纳米晶太阳能电池技术发展情况，本课题通过中国知识产权局对我国省市区 2004 ~ 2015 年 6 月与纳米晶太阳能电池技术相关的专利数进行了统计，统计结果见图 7.6 所示。该图表明，北京、上海两地区申请的与纳米晶太阳能电池技术相关的专利数总量占我国各省市区申请的与纳米晶太阳能电池技术相关的专利数总量的 62%，而吉林、陕西、天津、四川、武汉、江苏、大连、山东、兰州、河南、深圳等省市区虽申请了与纳米晶太阳能电池相关的专利，但申请的专利数相对较少，除图中显示的省市区申请了与纳米晶太阳能电池技术相关的专利，国内其他省市区在此研究期间并未申请与纳米晶太阳能电池技术相关的专利，包括河北省。因此，为加快河北省纳米晶太阳能技术产业化进程，河北省应从北京、上海等地区引进先进的纳米晶太阳能电池相关技术以及相关技术专业人才。此外，由本课题第三部分可知，美国、日本、韩国、欧洲等国在纳米晶太阳能电池产业化方面取得的成果较显著，而我国以及河北省在纳米晶太阳能电池产业化方面较欠缺，因此，为促进河北省纳米晶太阳能电池技术发展，加速其产业化进程，河北省应加强与美国、日本、韩国、欧洲等国之间的合作，从美国、日本、韩国、欧洲等国引进先进的纳米晶太阳能电池相关技术以及相关技术专业人才。

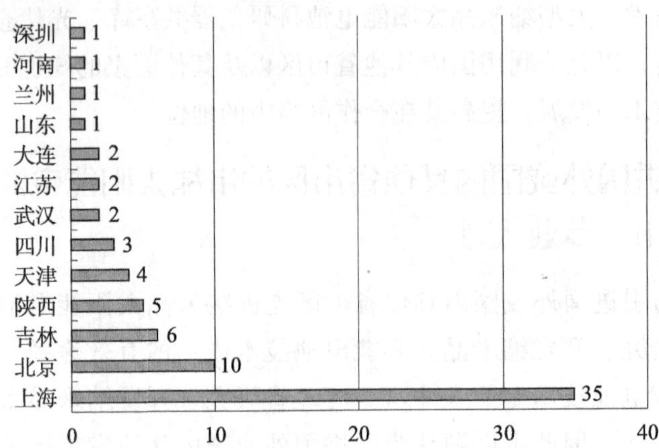

图 7.6　我国省市区与纳米晶太阳能电池技术相关的专利数量

注：该图纵坐标显示的是申请与纳米晶太阳能电池相关技术专利的省市区；专利申请数量是自 2004～2015 年 6 月的统计数据

本研究认为，为提高河北省在纳米晶太阳能电池市场上的核心竞争力，提高纳米晶太阳能电池技术的国产化程度，河北省应改变单纯的技术引进模式，对引进的纳米晶太阳能电池技术进行改造、创新；此外，在引进纳米晶太阳能电池相关技术的同时应与其签订技术交流协议，并在技术交流协议中要求技术交流合作国对我国工程项目或是技术进行培训的条款，以扩大技术扩散；在引进技术专业人才时，河北省应制定相关的薪酬制度、福利政策、激励政策等以留住专业人才，从而打造一批具有技术专业性强、技术创新能力强的人才队伍。

7.3　加强技术创新路线图配套工作

纳米晶太阳能电池技术创新路线图能够反映纳米晶太阳能电池技术的科研进展以及科研方向，是纳米晶太阳能电池技术产业化的基础。为加速河北省纳米晶太阳能电池产业化进程，本课题认为应加强相关技术创新路线图配套工作。

1. 河北省应及时掌握纳米晶太阳能电池技术发展动态

河北省应提高其对纳米晶太阳能电池技术进展情况洞察的敏感度，及时掌握其发展动态，并依据发展动态实时调整纳米晶太阳能电池技术创新路线图，做到适时跟进、适时调整。为此，河北省纳米晶太阳能电池技术科研单位应定期或不定期召开“纳米晶太阳能电池技术进展”研讨会，并邀请省外或国际上相关的技术专家参与，在研讨会上与会人员就最新纳米晶太阳能电池技术发展动态进行讨论，并依据讨论结果对技术创新路线图进行修正，以达到符合目前纳米晶太阳能电池技术发展趋势的目的。

2. 鼓励纳米晶太阳能电池重点应用行业参与技术创新路线图制定与修正

本课题在第六章中利用德尔菲法确定了纳米晶太阳能电池重点应用领域：汽车行业、建筑行业、电子信息行业。由于纳米晶太阳能电池技术创新路线图是以市场需求—产业目标—技术壁垒—研发需求为路线绘制的，市场需求是绘制技术创新路线图首要考虑的要素，因此纳米晶太阳能电池技术需满足汽车行业、建筑行业、电子信息行业的需求。为此，在制定与修正纳米晶太阳能电池技术创新路线图时需邀请汽车行业、建筑行业、电子信息行业等纳米晶太阳能电池重点应用行业中较具代表性的人员参与。河北省在制定或修正技术创新路线图时，应召开“纳米晶太阳能电池技术创新路线制定或修正”研讨会，与会人员应邀请汽车行业、建筑行业、电子信息行业代表参与，并听取行业代表人员对纳米晶太阳能电池技术的需求，依据行业需求制定或修正技术创新路线图，确保纳米晶太阳能电池技术的科研方向能够满足重点应用行业的需求。

7.4　其他政策化建议

7.4.1　调整能源结构、重视新能源

目前，河北省的能源结构中仍以传统能源为主，依据作者本人对河北省统计年鉴进行的分析，2013 年新能源开发利用仅占能源总消耗不足 8%，但传统能源面临着枯竭的危机，尤其是煤炭资源表现最为突出，据中国煤炭信息网报道，目前，河北省可进一步有效勘探的煤炭资源仅占总煤炭资源的 32% 左右，大大低于全国 68% 的平均水平，此外由传统能源引起的环境污染问题也在一定程度上影响了人们的生活与身心健康，而新能源特别是太阳能资源以其可再生利用、清洁无污染、低碳环保等特性引起了人们的广泛关注；国家也将发展

新能源特别是太阳能作为国家发展的战略性目标，大力提倡开发新能源并制定了相关鼓励性政策。因此，为与国家发展新能源的战略目标接轨，切实降低河北省传统能源消耗，解决环境污染问题，本课题认为河北省应调整能源结构，大力推广新能源。

1. 加强传统能源管控、规划新能源发展目标

加强传统能源管控、规划新能源发展目标是调整河北省能源结构的有限途径。在不影响河北省经济正常发展的前提下，制定相关政策限制传统能源消耗量、提高传统能源使用效率，或是改造、升级传统能源，以调整能源结构；新能源发展目标应与国家总体新能源发展目标一致或相符，切实在国家新能源规划、目标下制定适合河北省新能源发展的规划，依据国家新能源结构调整河北省现期结构。

2. 制定相关政策、大力推广新能源

河北省应制定相关政策，大力推广新能源。目前，河北省也已相继出台了多个新能源政策，如《河北省关于促进光伏产业发展的指导意见》、《河北省关于进一步促进光伏产业健康发展的指导意见》等政策，但是政策力度并不能充分调动企业、科研单位对新能源科研开发的积极性，因此河北省应进一步制定相关政策，如制定新能源补贴政策，加大新能源补贴力度；制定电网企业全额收购新能源电力政策，以鼓励新能源开发企业积极开发新能源；设立河北省新能源专项基金制度，明确说明相关管理部门、新能源技术水平要求、资金申请及拨付流程、监督制度等方面。

7.4.2 以市场为导向研发纳米晶太阳能电池技术

依据现代市场营销理念，生产者应以市场为导向生产能够满足消费者对特定产品特性需求的产品，同样，纳米晶太阳能电池技术的研究开发也应以市场为导向研发能够满足消费者对纳米晶太阳能电池特性需求的技术。为研究开发的纳米晶太阳能电池技术或具有的特性能够满足市场消费者的需求，科研单位应在着手研究开发纳米晶太阳能电池技术前进行市场调研工作，以明确技术研究开发的方向，同时在研究开发过程中也应进行市场调研，以及时了解市场消费者对纳米晶太阳能电池技术或特性需求的变动。

7.4.3 加强省内技术人才培养、加强纳米技术基础学习

河北省应加强省内专业人才培养，培养具有纳米技术的专业人才，以充分利用本省人力资源并可在一定程度上降低科研的人力资本。具体措施为：依托研究有关纳米技术的高校、研究所以及企业科研中心，建立纳米技术人才培养基地，以培养技术专业人才；在省内高校内设立有关纳米科技的相关专业并聘请专业人才授课，以储备纳米科技复合型人才，并向有关纳米科技项目基地输送该专业实习生，以提高该专业学生的实践能力；制定有关纳米技术专业考核以及遴选标准，要在现有人才评价、遴选机制的基础上，本着“能力强、素质高”的原则，制定有关纳米技术专业考核以及遴选标准，并通过组织技能竞赛，加快遴选和培养人才。

此外，本课题认为，河北省在培养省内技术人才的同时，应加强纳米技术基础学习，而加强纳米技术基础学习的一种有效途径是对有关纳米技术的文献进行研究，且期刊是文献发布最基本的载体，因此，河北省应加强对纳米技术期刊文献的研究。1934 年，英国著名文献学家布拉德福认为，将刊载某学科专业论文的数量多少，以递减顺序排列，那么可以把期刊分为专门面对这个学科的核心区、相关区和非相关区，此时核心区、相关区、非相关区期刊数量成 $1:n:n^2$ 的关系，这就是著名的布拉德福定律。本课题以纳米技术为研究主题对布拉德福定律进行了验证，发现，期刊上有关纳米技术的学术论文信息的分布基本上符合布拉德福定律，且得到期刊核心的核心区中有 10 种期刊，即《材料导报》、《新材料产业》、《功能材料信息》、《微纳电子技术》、《化工新型材料》、《功能材料》、《中国组织工程研究》、《物理学报》、《稀有金属材料与工程》、《技术与市场》等期刊，因此，本课题认为河北省应着重研究这 10 种期刊，以获取最新、最准确的纳米技术信息，从而加速本省纳米技术的发展。值得一提的是，文献存在老化现象，在 1970 年，英国著名文献计量学家布鲁克斯（B. B. Brookes）就提出了期刊文献的被引用数量随时间的退役的衰减过程服从简单的负指数规律的假设。这表明，期刊文献的老化会造成文献的利用率降低的问题，因此河北省应及时对期刊上有关纳米技术的论文进行研究，及时将基础研究转化为应用研究。

主要参考文献

[1] 胡文祥，桑宝华，谭生建．分子纳米技术在生物医药学领域的应用［J］．化学通报，1998（5）：32－38.

[2] Wang，L.，H. Meijers and A. Szirmai，（2013），Technological spillovers and industrial growth in Chinese regions，UNU－MERIT Working Paper 2013－044.

[3] Perez，C.，&Soete，L. Catching up in technology：entry barriers and windows of opportunity. In G. Dosi，et al. （Eds.）［J］. Technical change and economic theory. 1988：458－479.

[4] Galvin R. Science Roadmaps ［J］. Science，1998，280：803－803.

[5] Probert D，Radnor M. Frontier experiences from industry－academia consortia ［J］. Engineering Management Review IEEE，2003，31 （3）：28－28.

[6] Geoff N. Industry Canada Technology Roadmapping：A Strategy for Success ［R］［EB/OL］. http：//roadmap. ecn. purdue. edu/CTR/documents/13 _ Technology _ Road _ Mapping. pdf. 2004－03－15.

[7] Copyright in ABS Data resides with the Commonwealth of Australia. A Guide to Developing Technology Roadmaps Technology Planning for Business Competitiveness ［R］［EB /OL］. http：//www. Cwa－acs. org/vision /Roadmap Notes. pdf. 2004－03－15.

[8] 李雪凤，仝允桓，谈毅．技术路线图和技术路线图思维［J］．科学学与科学技术管理，2005，26：26－28

[9] 长城战略研究所．《技术路线图与企业自主创新》［R］．企业研究报告，2005（176）：1－2.

[10] Probert D，Radnor M. Frontier experiences from industry－academia：consortia corporate roadmappers create value with product and technology roadmaps. ［J］. Research Technology Management，2003，46：27－30.

[11] Sandia National Laboratories：Fundamentals of technology roadmapping. Available at：http：//www. sandia. gov/Roadmap/home. htm#what02.

[12] Robert Phaal，Clare J. P. Farrukh，David R. Probert. Technology roadmapping－A planning

framework for evolution and revolution [J] Technological Forecasting & Social Change, 2004, 71: 5 -26.

[13] 李雪凤, 仝允桓, 谈毅. 技术路线图——种新型技术管理工具 [J]. 科学学研究, 2004, 22: 89 -94

[14] 朱星华, 蒋玉涛. 产业技术路线图的广东实践及对政府科技计划管理的建议 [J]. 中国科技论坛, 2008: 81 -84

[15] 刘海波, 李平. 技术路线图的产生和作用 [J]. 科技潮, 2004: 8 -9

[16] 郭新军. 国际半导体技术发展路线图 (ITRS) 2012 版综述 (1) [J]. 中国集成电路, 2013, 11: 26 -39

[17] 钱伯璋. 美国发布海藻生物燃料技术路线图 [J]. 太阳能, 2009, 08: 49

[18] 美国林纸协会, 李玉锋. 美国林产业技术路线图 2010 (下) [J]. 中华纸业, 2010, 31.

[19] 本刊编辑部. 美国《钢铁技术路线图研究项目 (TRP)》[J]. 冶金管理, 2012, 03: 4 -11

[20] Phaal R, Farrukh C, Mitchell R, et al. Starting - up roadmapping fast [J]. IEEE Engineering Management Review, 2003, 31 (3): 54 -54.

[21] 中国科学院. 科学技术与中国的未来: 创新 2050 科技革命与中国的现代化 [M]. 北京: 科学出版社. 2009.

[22] 蒋玉涛, 汤勇力, 曾路等. 产业技术路线图在我国的应用研究 [J]. 广东科技, 2013: 42 -44.

[23] 江世英, 沈政娟, 周傲霜. 湖北省汽车物流产业路线图研究 [J]. 物流科技, 2015, 02: 34 -35

[24] 徐大海, 沈延斌, 朱司宇. 天津市低碳材料产业技术路线图研究 [J]. 天津科技, 2014, 07: 62 -66

[25] 孔凡太, 戴松元, 王孔嘉. 染料敏化纳米薄膜太阳电池中的染料敏化剂 [J]. 化学通报, 2005, 68: 338 -345

[26] 杨术明. 染料敏化纳米晶太阳能电池 [M]. 郑州: 郑州大学出版社, 2007

[27] Mathew S, Yella A, Gao P, et al. Dye—sensitized solla cells with 13% efficiency achieved through the molecular engineering of porphyrin sensitizers [J]. Nature Chem, 2014, 6: 242.

[28] Miyasaka T, Ikegami M, Kijitori Y. Photovoltaic Performance of Plastic Dye - Sensitized Electrodes Prepared by Low - Temperature Binder - Free Coating of Mesoscopic Titania [J]. Journal of the Electrochemical Society, 2007, 154 (5): A455 - A461.

[29] Ito S, Ha NL, Rothenberger G, et al. High - efficiency (7.2%) flexible dye - sensitized solar cells with Ti - metal substrate for nanocrystalline - TiO2 photoanode [J]. Chemical Communications, 2006, 38 (38): 4004 - 4006.

[30] Kuang D, Brillet J, Chen P, et al. Application Of Highly Ordered Tio2 Nanotube Arrays In Flexible Dye - Sensitized Solar Cells [J]. Acs Nano, 2008, 2 (6): 1113 - 1116.

[31] He W, Qiu J, Zhuge F, et al. Advantages of using Ti - mesh type electrodes for flexible dye - sensitized solar cells. [J]. Nanotechnology, 2012, 23 (22): 225602 - 225607 (6).

[32] Rosas E R, Apαtiga L M, Rodríguez - Lugo V. NANOSTRUCTURED TITANIA FILMS PREPARED BY PI - MOCVD [J]. Acta Microscopica, 2010, 19 (1): 89 - 93.

[33] Pamu D, Sudheendran K, Krishna M G, et al. Microwave dielectric behavior of nanocrystalline titanium dioxide thin films [J]. Vacuum, 2007, 81 (5): 686 - 694.

[34] N. Wetchakun, S. Phanichphant. Effect of temperature on the degree of anatase—rutile transformation in titanium dioxide annaparticles synthesized by the modified sol—gei method [J]. Current Applied Physics, 2008, 8 (3 - 4): 343 - 346.

[35] Seigo I, Paul L, Pascal C, et al. Control of dark current in photoelectrochemical (TiO2/I—I3) and dye—sensitized solar cells [J]. Chem Commun, 2005, 37: 4351 - 4353.

[36] Murayama M, Mori T. Evaluation of treatment effects for high - performance dye - sensitized solar cells using equivalent circuit analysis [J]. Thin Solid Films, 2006, 509: 123 - 126.

[37] Park K H, Jin E M, Gu H B, et al. Effects of HNO3 treatment of TiO2 nanoparticles on the photovoltaic properties of dye - sensitized solar cells [J]. Materials Letters, 2009, 63 (26): 2208 - 2211.

[38] Weerasinghe H C, Sirimanne P M, Franks G V, et al. Low temperature chemically sintered nano - crystalline TiO2 electrodes for flexible dye - sensitized solar cells [J]. Journal of Photochemistry & Photobiology A Chemistry, 2010, 213 (1): 30 - 36.

[39] Yoo B, Kim K, Lee S H, et al. ITO/ATO/TiO 2 triple - layered transparent conducting substrates for dye - sensitized solar cells [J]. Solar Energy Materials & Solar Cells, 2008, 92 (8): 873 - 877.

[40] Chou C S, Yang R Y, Yeh C K, et al. Preparation of TiO2/Nano - metal composite particles and their applications in dye - sensitized solar cells [J]. Powder Technology, 2009, 194 (1): 95 - 105.

[41] Ma T, Akiyama M, Abe E, et al. High - efficiency dye - sensitized solar cell based on a nitrogen - doped nanostructured titania electrode. [J]. Nano Letters, 2005, 5 (12): 2543 - 7.

[42] Kang S H, Kim H S, Kim J Y, et al. Enhanced photocurrent of nitrogen - doped TiO 2 film for

dye - sensitized solar cells [J]. Materials Chemistry & Physics, 2010, 124 (1): 422 - 426.

[43] Sivaranjani K, Agarkar S, Ogale S B, et al. Toward a Quantitative Correlation between Microstructure and DSSC Efficiency: A Case Study of TiO2 - xNx Nanoparticles in a Disordered Mesoporous Framework [J]. Journal of Physical Chemistry C, 2011, 116 (3): 2581 - 2587.

[44] Feng X, Shankar K, Paulose M, et al. Tantalum - Doped Titanium Dioxide Nanowire Arrays For Dye - Sensitized Solar Cells With High Open - Circuit Voltage [J]. Angewandte Chemie International Edition, 2009, 48 (43): 8239 - 8242.

[45] Su K P, Kim C, Kim J H, et al. Effects of Mg salt - modified TiO2 on the photovoltaic performance of dye - sensitized solar cells [J]. Current Applied Physics, 2011, 11 (1): S131 - S135.

[46] Kang S H, Choi S H, Sung Y E, et al. Nanorod - Based Dye - Sensitized Solar Cells With Improved Charge Collection Efficiency60 [J]. Advanced Materials, 2008, 20 (1): 54 - 58.

[47] Lee B H, Song M Y, Jang S Y, et al. Charge Transport Characteristics of High Efficiency Dye - Sensitized Solar Cells Based on Electrospun TiO2 Nanorod Photoelectrodes [J]. Journal of Physical Chemistry C, 2009, (51): 21453 - 21457.

[48] Motonari A, Yusuke M, Jun T, et al. Highly efficient dye - sensitized solar cells with a titania thin - film electrode composed of a network structure of single - crystal - like TiO2 nanowires made by the "oriented attachment" mechanism. [J]. J. am. chem. soc, 2004, 126 (45): 14943 - 14949.

[49] Allam N K, Shankar K, Grimes C A. A General Method for the Anodic Formation of Crystalline Metal Oxide Nanotube Arrays without the Use of Thermal Annealing [J]. Advanced Materials, 2008, 20 (20): 3942 - 3946.

[50] Shankar K, Bandara J, Paulose M, et al. Highly efficient solar cells using TiO (2) nanotube arrays sensitized with a donor - antenna dye. [J]. Nano Letters, 2008, 8 (6): 1654 - 1659.

[51] Lamberti A, Sacco A, Bianco S, et al. Enhancement of electron life time in dye - sensitized solar cells using anodically grown TiO2 nanotube/nanoparticle composite photoanodes [J]. Microelectronic Engineering, 2013, 111 (4): 137 - 142.

[52] Chuangchote, Surawut, Sagawa, et al. Efficient dye - sensitized solar cells using electrospun TiO2 nanofibers as a light harvesting layer [J]. Applied Physics Letters, 2008, 93 (3): 033310 - 033310 - 3.

[53] Tétreault N, Arsenault E, Heiniger L P, et al. High - Efficiency Dye - Sensitized Solar Cell With Three - Dimensional Photoanode [J]. Nano Letters, 2011, 11 (11): 4579 - 4584.

[54] Saito M, Fujihara S. Large photocurrent generation in dye – sensitized ZnO solar cells [J]. Energy & Environmental Science, 2008, 1 (2): 280 – 283.

[55] Matt Law, Lori E. Greene, Aleksandra Radenovic, et al. ZnO – Al2O3 and ZnO – TiO2 core – shell nanowire dye – sensitized solar cells. [J]. J. Phys. Chem: b, 2006, 110 (45): 22652 – 22663.

[56] Ko S H, Lee D, Kang H W, et al. Nanoforest of Hydrothermally Grown Hierarchical ZnO Nanowires for a High Efficiency Dye – Sensitized Solar Cell [J]. Nano Letters, 2011, 11 (2): 666 – 671.

[57] Ghosh R, Brennaman M K, Uher T, et al. Nanoforest Nb2o5 Photoanodes For Dye – Sensitized Solar Cells By Pulsed Laser Deposition [J]. Acs Applied Materials & Interfaces, 2011, 3 (10): 3929 – 3935.

[58] Xincun D, Nripan M, Qing W, et al. Novel Zn – Sn – O nanocactus with excellent transport properties as photoanode material for high performance dye – sensitized solar cells. [J]. Nanoscale, 2011, 3 (11): 4640 – 4646.

[59] Nazeeruddin MK, Péchy P, Renouard T, et al. Engineering of Efficient Panchromatic Sensitizers for Nanocrystalline TiO2 – Based Solar Cells [J]. Journal of the American Chemical Society, 2001, 123 (8): 1613 – 24.

[60] Wang P, Zakeeruddin S M, Moser J E, et al. A stable quasi – solid – state dye – sensitized solar cell with an amphiphilic ruthenium sensitizer and polymer gel electrolyte [J]. Nature Materials, 2003, 2 (7): 498 – 498.

[61] Wang P, Zakeeruddin S, Moser J, et al. Stable New Sensitizer with Improved Light Harvesting for Nanocrystalline Dye - Sensitized Solar Cells [J]. Advanced Materials, 2004, 16 (20): 1806 – 1811.

[62] Klein C, Nazeeruddin M K, Liska P, et al. Engineering of a Novel Ruthenium Sensitizer and Its Application in Dye – Sensitized Solar Cells for Conversion of Sunlight into Electricity [J]. Inorganic Chemistry, 2005, 44 (2): 178 – 180.

[63] Peng W, Cédric K, Robin H B, et al. A high molar extinction coefficient sensitizer for stable dye – sensitized solar cells. [J]. J. am. chem. soc, 2005, 127 (7465): págs. 808 – 809.

[64] Klein C, Nazeeruddin M K, Liska P, et al. Engineering of a Novel Ruthenium Sensitizer and Its Application in Dye – Sensitized Solar Cells for Conversion of Sunlight into Electricity [J]. Inorganic Chemistry, 2005, 44 (2): 178 – 180.

[65] Daibin K, Seigo I, Bernard W, et al. High molar extinction coefficient heteroleptic ruthenium complexes for thin film dye – sensitized solar cells. [J]. Journal of the American Chemical

Society, 2006, 128 (5): 1998 - 2003.

[66] Wang Q, Campbell W M, Bonfantani E E, et al. Efficient light harvesting by using green Zn - porphyrin - sensitized nanocrystalline TiO2 films. [J]. J. phys. chem. b, 2005, 109 (32): 15397 - 15409.

[67] Chou - Pou Hsieh, Hsueh - Pei Lu, Chien - Lan Chiu, et al. Synthesis and characterization of porphyrin sensitizers with various electron - donating substituents for highly efficient dye - sensitized solar cells [J]. J. Mater: chem, 2010, 20 (6): 1127 - 1134.

[68] Reddy P, Giribabu L, Lyness C, et al. Efficient sensitization of nanocrystalline TiO2 films by a near - IR - absorbing unsymmetrical zinc phthalocyanine. [J]. Angewandte Chemie, 2007, 46 (3): 373 - 6.

[69] Pozzi G, Quici S, Raffo M C, et al. Fluorous Molecules for Dye - Sensitized Solar Cells: Synthesis and Photoelectrochemistry of Unsymmetrical Zinc Phthalocyanine Sensitizers with Bulky Fluorophilic Donor Groups [J]. J. phys. chem. c, 2011, (9).

[70] Akihiro, Kojima, Kenjiro, et al. Organometal halide perovskites as visible - light sensitizers for photovoltaic cells. [J]. J Am Chem Soc, 2009, 131 (17): 6050 - 6051.

[71] Im J H, Lee C R , Lee J W , et al. 6.5% efficient perovskite quantum—dot—sensitized solar cell. [J]. Nanoscale, 2011, 3: 4088

[72] Michael M, LeeTeuscher, Tsutomu, et al. Efficient Hybrid Solar Cells Based on Meso - Superstructured Organometal Halide Perovskites [J]. Science, 2012, 338 (6107): 643 - .

[73] Hara K, Sato T, Katoh R, et al. Molecular Design of Coumarin Dyes for Efficient Dye - Sensitized Solar Cells [J]. J. phys. chem. b, 2002, 107 (2): 597 - 606.

[74] Hara K, Kurashige M, Dan - Oh Y, et al. Design of new coumarin dyes having thiophene moieties for highly efficient organic - dye - sensitized solar cells [J]. New Journal of Chemistry, 2003, 27 (5): 783 - 785.

[75] Peng W, Cédric K, Robin H B, et al. A high molar extinction coefficient sensitizer for stable dye - sensitized solar cells. [J]. J. am. chem. soc, 2005, 127 (7465): págs. 808 - 809.

[76] Horiuchi T, Miura H, Uchida S. Highly - efficient metal - free organic dyes for dye - sensitized solar cells [J]. Chemical Communications, 2003, 164 (15): 29 - 32.

[77] Tamotsu H, Hidetoshi M, Kouichi S, et al. High Efficiency of Dye - Sensitized Solar Cells Based on Metal - Free Indoline Dyes [J]. Journal of the American Chemical Society Jacs, 2004, 126 (39): págs. 12218 - 12219.

[78] Hagberg D P, Jun - Ho Y, Hyojoong L, et al. Molecular engineering of organic sensitizers for dye - sensitized solar cell applications [J]. Journal of the American Chemical Society,

2008, 130 (19): 6259 - 6266.

[79] Hwang S, Lee JH, Park C, et al. A highly efficient organic sensitizer for dye - sensitized solar cells. [J]. Chemical Communications, 2008, 46 (11): 4887 - 9.

[80] Xiao - Feng Wang, Cong - Hong Zhan, Takashi Maoka, et al. Fabrication of dye - sensitized solar cells using chlorophylls c1 and c2 and their oxidized forms and from Undaria pinnatifida (Wakame) [J]. Chemical Physics Letters, 2007, 447: 79 - 85.

[81] Zakeeruddin S M, Gr01tzel M, Moser J E. A Solvent - Free, SeCN - / (SeCN) 3 - Based Ionic Liquid Electrolyte for High - Efficiency Dye - sensitized Nanocrystallifle Solar Cells [J]. Journal of the American Chemical Society Jacs, 2004, 126 (23): 7164 - 7165.

[82] Wang MK, Chamberland N , Breau L, et al. An organic redox electrolyte to rival triiodide/iodide in dye - sensitized solar cells [J]. NATURE CHEMISTRY, 2010, 2 (5): 385 - 389.

[83] Feldt S M, Gibson E A, Erik G, et al. Design of organic dyes and cobalt polypyridine redox mediators for high - efficiency dye - sensitized solar cells [J]. J. am. chem. soc, 2010, 132 (46): 16714 - 16724.

[84] Wang P, Zakeeruddin S M, Gr01tzel M, et al. Novel room temperature ionic liquids of hexaalkyl substituted guanidinium salts for dye - sensitized solar cells [J]. Applied Physics A Materials Science & Processing, 2004, 79 (1): 73 - 77 (5).

[85] Wang P, Klein C, Humphry - Baker R, et al. Stable > = 8% efficient nanocrystalline dye - sensitized solar cell based on an electrolyte of low volatility [J]. Applied Physics Letters, 2005, 86 (12): 123508 - 123508 - 3.

[86] Wang P, Zakeeruddin S M, Gratzel M. Solidifying liquid electrolytes with fluorine polymer and silica nanoparticles for quasi - solid dye - sensitized solar cells [J]. Journal of Fluorine Chemistry, 2004, 125 (8): 1241 - 1245.

[87] Ching - Lun C, Hsisheng T, Yuh - Lang L. In situ gelation of electrolytes for highly efficient gel - state dye - sensitized solar cells. [J]. Advanced Materials, 2011, 23 (36): 4199 - 4204.

[88] Peng W, Zakeeruddin S M, Pascal C, et al. Gelation of ionic liquid - based electrolytes with silica nanoparticles for quasi - solid - state dye - sensitized solar cells. [J]. Journal of the American Chemical Society, 2003, 125 (5): 1166 - 7.

[89] Stathatos E, Jovanovski V, Orel B, et al. Dye - Sensitized Solar Cells Made by Using a Polysilsesquioxane Polymeric Ionic Fluid as Redox Electrolyte [J]. J. phys. chem. c, 2007, 111 (17): 6528 - 6532.

[90] Chuan - Pei Lee, Po - Yen Chen, R. Vittal, et al. Iodine - free high efficient quasi solid -

state dye – sensitized solar cell containing ionic liquid and polyaniline – loaded carbon black [J]. Journal of Materials Chemistry, 2010, 20 (12): 2356 – 2361.

[91] Kumara G R A, Kaneko S, Okuya M, et al. Fabrication of Dye – Sensitized Solar Cells Using Triethylamine Hydrothiocyanate as a CuI Crystal Growth Inhibitor [J]. Langmuir, 2002, 18 (26): 10493 – 10495.

[92] O'Regan B, Lenzmann F, Muis R, et al. A Solid – State Dye – Sensitized Solar Cell Fabricated with Pressure – Treated P2561TiO2 and CuSCN: 65 Analysis of Pore Filling and IV Characteristics [J]. Chemistry of Materials, 2002, 14 (12): 5023 – 5029.

[93] Premalal E V A, Kumara G R R A, Rajapakse R M G, et al. Tuning chemistry of CuSCN to enhance the performance of TiO2/N719/CuSCN all – solid – state dye – sensitized solar cell. [J]. Chemical Communications, 2010, 46 (19): 3360 – 3362.

[94] Wong K H, Ananthanarayanan K, Gajjela S R, et al. Solid state dye – sensitized solar cell with TiO 2 /NiO heterojunction: Effect of particle size and layer thickness on photovoltaic performance [J]. Materials Chemistry & Physics, 2011, 125 (3): 553 – 557.

[95] Nogueira V C, Longo C, Nogueira A F, et al. Solid – state dye – sensitized solar cell: Improved performance and stability using a plasticized polymer electrolyte [J]. Journal of Photochemistry & Photobiology A Chemistry, 2006, 181: 226 – 232.

[96] Akhtar M S, Cheralathan K K, Chun J M, et al. Composite electrolyte of heteropolyacid (HPA) and polyethylene oxide (PEO) for solid – state dye – sensitized solar cell [J]. Electrochimica Acta, 2008, 53 (22): 6623 – 6628.

[97] Jihuai W, Sanchun H, Zhang L, et al. An all – solid – state dye – sensitized solar cell – based poly (N – alkyl – 4 – vinyl – pyridine iodide) electrolyte with efficiency of 5. 64%. [J]. Journal of the American Chemical Society, 2008, 130 (35): 11568 – 9.

[98] Dong – Yi C, Yu – Yen H, Hui – Chu H, et al. Organic dyes with remarkably high absorptivity; all solid – state dye sensitized solar cell and role of fluorine substitution. [J]. Chemical Communications, 2010, 46 (48): 5256 – 8.

[99] Sapp S A, C Michael E, Cristiano C, et al. Substituted polypyridine complexes of cobalt (II/III) as efficient electron – transfer mediators in dye – sensitized solar cells. [J]. Journal of the American Chemical Society, 2002, 124 (37): 11215 – 11222.

[100] Suzuki K, Yamaguchi M, Kumagai M, et al. Application of Carbon Nanotubes to Counter Electrodes of Dye – sensitized Solar Cells [J]. Chemistry Letters, 2003, 32 (1): 28 – 29.

[101] Gupta R, Kumar R, Sharma A, et al. Novel Cu – carbon nanofiber composites for the counter electrodes of dye – sensitized solar cells [J]. International Journal of Energy Re-

search, 2014.

[102] Trevisan R, D02bbelin M, Boix P P, et al. PEDOT Nanotube Arrays as High Performing Counter Electrodes for Dye Sensitized Solar Cells. Study of the Interactions Among Electrolytes and Counter Electrodes [J]. Advanced Energy Materials, 2011, 1 (5): 781 – 784.

[103] Tsai, Jung – Che, Hon, et al. Fabrication of mesoporous CoS2 nanotube arrays as the counter electrodes of dye - sensitized solar cells [J]. Chemistry – An Asian Journal, 2015.

[104] Lee C T, Peng J D, Li C T, et al. Ni3Se4 hollow architectures as catalytic materials for the counter electrodes of dye – sensitized solar cells [J]. Nano Energy, 2014: 201 – 211.

[105] Yum JH, Baranoff E, Kessler F, et al. A cobalt complex redox shuttle for dye – sensitized solar cells with high open – circuit potentials [J]. NATURE COMMUNICATIONS, 2012, 3 (10): 631 – 638.

[106] Gong H H, Hong S B, Hong S C. Dispersion controlled platinum/multi – walled carbon nanotube hybrid for counter electrodes of dye – sensitized solar cells [J]. Macromolecular Research, 2014, 22 (4): 397 – 404.

[107] Lee Y W, Do K, Lee T H, et al. Iodine vapor doped polyaniline nanoparticles counter electrodes for dye – sensitized solar cells [J]. Synthetic Metals, 2013, 174: 6 – 13.

[108] 肖尧明，吴季怀，李清华，等．柔性染料敏化太阳能电池光阳极的制备及其应用[J]．科学通报，2009，54（16）：2425 – 2430

[109] 赵晓冲．聚合物基柔性染料敏化太阳能电池光阳极的性能优化［D］．北京：清华大学，2013

[110] 汪咏梅．钛基板光阳极染料敏化太阳能电池研究［D］．大连：大连理工大学，2012

[111] 安阳．基于钛基底的高效染料敏化太阳能电池的研究［D］．大连：大连理工大学，2013

[112] Zhibin, Lv, Jiefeng, et al. Highly efficient and completely flexible fiber – shaped dye – sensitized solar cell based on TiO2 nanotube array. [J]. Nanoscale, 2012, 4 (4): 1248 – 53.

[113] 朱春奎．氧化钛基光阳极薄膜的制备及性能测试［D］．陕西：陕西科技大学，2014

[114] 乌凯．静电自组装制备纳米染料敏化太阳能电池光阳极［D］．西安：西安科技大学，2010

[115] 庞世红，王承遇，马眷荣等．常压化学气相沉积法制备二氧化钛薄膜的沉积工艺及薄膜均匀性［J］．硅酸盐学报，2010，38（1）：64 – 67

[116] 黄嘉．磁控溅射制备二氧化钛薄膜及其纳米结构的研究［D］．哈尔滨：哈尔滨工业大学，2009

[117] 李淑梅．染料敏化纳米晶太阳能电池阳极的制备与共敏化研究［D］．长春：长春理

工大学，2010.

［118］李洁，孔凡太，武国华，等．共吸附剂修饰 TiO_ 2 薄膜电极［J］．物理化学学报，2011，04：881－886

［119］王丽伟，吴功伟，黄仕华．染料敏化太阳电池的光阳极制备及其性能优化［J］．半导体光电，2011，02：200－203＋291

［120］李艳，庄全超，王洪涛等．表面修饰的 TiO_ 2 太阳能电池界面特性研究［J］．无机化学学报，2014，04：763－769

［121］李文欣，胡林华，戴松元．Y_ 2O_ 3，TiO_ 2“核－壳”结构在染料敏化太阳电池中的应用［J］．物理化学学报，2011，10：2367－2372

［122］许贤祺，李艳，王洪涛，等．染料敏化太阳能电池中 SrCO_ 3 包覆 TiO_ 2 电极的界面特性研究［J］．人工晶体学报，2013，11：315－2321

［123］李国辉，郝洪顺，王辉利等．TiO_ 2/SrTiO_ 3 薄膜电极制备及其光电化学性能研究［J］．电子元件与材料，2015，01：36－39

［124］许亚龙，周欣，陈琳琳，等．钛硅氧化物修饰对染料敏化太阳能电池性能影响研究［J］．电子元件与材料，2015，06：33－37

［125］Wang X，Yang Y，Jiang Z，et al. Preparation of TiNxO2 – x Photoelectrodes with NH3 Under Controllable Middle Pressures for Dye – Sensitized Solar Cells［J］．European Journal of Inorganic Chemistry，2009，2009（23）：3481－3487.

［126］杨兵初，伍益，周聪华，等．掺 W 对染料敏化 TiO_ 2 电极光电性质的研究［J］．半导体技术，2010，07：676－679

［127］崔旭梅，左承阳，蓝德均，等．ZnO 调制改性染料敏化太阳能电池 TiO2 光阳极研究［J］．功能材料，2012，43（11）：1386－1388.

［128］Jiang L，You T，Deng W Q. Enhanced photovoltaic performance of a quantum dot – sensitized solar cell using a Nb – doped TiO2 electrode.［J］．Nanotechnology，2013，24（41）：415401－415406（6）.

［129］Wang Lei，Luo Qiu Yang，Sun Qiang，et al. Sulfur – Doped TiO2 Nanocrystalline Photoanodes for Dye – Sensitized Solar Cells by Hydrothermal［J］．Applied Physics，2013，03.

［130］魏明灯．介孔 TiO_ 2 和钛酸盐纳米管基的高效率染料敏化太阳能电池［J］．功能材料信息，2007，05：29

［131］焦星剑，林红，李思钊，等．二氧化钛纳米管阵列制备及其在染料敏化太阳能电池中的应用［J］．硅酸盐学报，2011，04：581－584

［132］罗华明，刘志勇，白传易，等．基于二氧化钛纳米管的染料敏化电池光阳极研究［J］．无机材料学报，2013，05：521－526

[133] 郭正凯，王莎莎，张雪华等．不同结构与形貌的 TiO_ 2 纳米管阵列在染料敏化太阳能电池中的应用 [J]．科学通报，2013，24：2479－2486

[134] 葛增娴，魏爱香，赵旺，等．TiO_ 2 纳米花的合成及其在染料敏化太阳能电池中的应用 [J]．人工晶体学报，2010，05：1181－1185

[135] 胡嘉清，雷炳新，孙振范，等．二氧化钛多孔纳米片在染料敏化太阳电池中的应用 [J]．无机化学学报，2014，30：2408－2418

[136] 那日苏，周炳卿，杨立森，等．染料敏化二氧化钛纳米棒及其太阳电池的制备 [J]．内蒙古师范大学学报（自然科学汉文版），2011，03：246－249

[137] 丁雨田，张增明，胡勇，等．TiO_ 2 纳米棒复合结构光阳极的制备及其在染料敏化太阳电池中的应用 [J]．人工晶体学报，2014，03：592－596

[138] 张文翔，王林均，周萍等．TiO2 纳米棒光阳极的制备及性能改进 [J]．电子元件与材料，2015，07：35－37＋41

[139] 赵旺，魏爱香，刘俊，葛增娴，刘传标．TiO_ 2 纳米颗粒/纳米线复合光阳极的染料敏化太阳能电池 [J]．功能材料，2011，S3：431－434.

[140] 黄先威，邓继勇，许律，等．聚合物/TiO_ 2 杂化纳米纤维微孔膜的制备及其在染料敏化太阳能电池中的应用 [J]．化学学报，2012，15：1604－1610

[141] 曾隆月，戴松元，王孔嘉，等．染料敏化纳米 ZnO 薄膜太阳电池机理初探 [J]．物理学报，2005，01：53－57

[142] 陶俊超，孙艳，葛美英，等．介孔 ZnO 微球的制备及其在染料敏化太阳能电池中的应用 [J]．红外与毫米波学报，2010，01：1－5

[143] 沈昱婷，林婧婧，徐峰等．基于 ZnO 纳米片/纳米球复合结构光阳极的染料敏化太阳电池 [J]．电子器件，2011，04：359－362

[144] 冯跃军，庞起，何军，等．ZnO 纳米四脚状阵列电极染料敏化太阳能电池 [J]．功能材料，2012，04：426－429.

[145] 范咏梅，娄慧慧，杨胜沛，等．ZnO 纳米棒在染料敏化太阳能电池中的应用 [J]．河南科技学院学报（自然科学版），2014，05：53－55＋59

[146] 王璟，丁雨田，陈小焱，等．Al 掺杂 ZnO 纳米棒光阳极的制备及其在染料敏化太阳电池中的应用 [J]．硅酸盐学报，2013，11：1588－1593

[147] 张凌云，贾若琨，孙旭辉，等．Nd 掺杂对 ZnO 带隙及染料敏化太阳能电池光电性能的影响 [J]．吉林大学学报（理学版），2014，06：1337－1341

[148] 牛正玺，贺小斌．SnO_ 2 纳米花结构电极的光电化学性能研究 [J]．化工新型材料，2015，07：183－184＋190

[149] 赵天，陈翌庆，王飞，等．ZnO/SnO_ 2 核壳结构染料敏化太阳能电池性能研究

[J]．合肥工业大学学报（自然科学版），2015，01：29－33

[150] 张林森，王志涛，王力臻，等．ZnWO_ 4的制备及在染料敏化太阳能电池中的光电性能研究［J］．人工晶体学报，2012，05：1352－1356

[151] Bai Y，Cao YM，Zhang J，et al. High－performance dye－sensitized solar cells based on solvent－free electrolytes produced from eutectic melts［J］．Journal of Nature Materials，2008，7（8）：626－630.

[152] Cao Y，Yu B，Yu Q，et al. Dye－Sensitized Solar Cells with a High Absorptivity Ruthenium Sensitizer Featuring a 2－（Hexylthio）thiophene Conjugated Bipyridine［J］．Journal of Physical Chemistry C，2009，113（15）：6290－6297.

[153] Zhu，Weihong，Wu，et al. Organic D－A－π－A Solar Cell Sensitizers with Improved Stability and Spectral Response［J］．Advanced Functional Materials，2011，21（4）：756－763.

[154] 詹卫伸，潘石，王乔，等．有机染料D－SS和D－ST用于染料敏化太阳能电池光敏剂的比较（英文）［J］．物理化学学报，2012，28（1）：78－84

[155] 陈喜明，贾春阳，万中全，等．四硫富瓦烯作为染料敏化太阳能电池有机染料电子给体的理论研究（英文）［J］．物理化学学报，2014.，02：273－280

[156] 侯丽梅，温智，李银祥，等．含中氮茚有机太阳能电池染料敏化剂的分子设计［J］．物理化学学报，2015，08：1504－1512

[157] 黄昀，吴季怀，范乐庆，等．天然色素敏化纳米晶TiO2太阳能电池研究［J］．化学工程，2004，32：47－49.

[158] 刘宝琦，赵晓鹏．混合植物染料敏化的太阳能电池性能［J］．光子学报，2006，35（2）：184－187.

[159] 郝洪顺，杨阳，秦磊，等．用海娜花天然染料为敏化剂制备纳米TiO2太阳能电池［J］．人工晶体学报，2014.

[160] 李娜，潘能乾，林仕伟．鸭跖草色素敏化TiO_ 2纳米管太阳能电池的研究［J］．化工新型材料，2014.

[161] Yu B，Qingjiang Y，Ning C，et al. High－efficiency organic dye－sensitized mesoscopic solar cells with a copper redox shuttle［J］．Chemical Communications，2011，47（15）：4376－4378.

[162] Cheng M，Yang X，Zhang F，et al. Efficient Dye－Sensitized Solar Cells Based on Hydroquinone/Benzoquinone as a Bioinspired Redox Couple †［J］．Angewandte Chemie International Edition，2012，51（39）：9896－9899.

[163] 陈卓，刘秀梅，高玉荣，等．二元离子液体基染料敏化太阳能电池性能［J］．精细

化工，2011，11：1129－1133

[164] 王海，徐雪青，史继富，等．阴离子为羧酸根和芳环共轭的离子液体在染料敏化太阳能电池中的应用［J］．物理化学学报，2013，03：525－532

[165] Miao W，Yin X，Xu R X，et al. A new ionic liquid based quasi－solid state electrolyte for dye－sensitized solar cells ［J］． Journal of Photochemistry & Photobiology A Chemistry，2008，194（1）：20－26.

[166] Meng W，Xu P，Xiaqin F，et al. A new type of electrolyte with a light－trapping scheme for high－efficiency quasi－solid－state dye－sensitized solar cells. ［J］． Advanced Materials，2010，22（48）：5526－5530.

[167] Yu Q，Yu C，Guo F，et al. A stable and efficient quasi－solid－state dye－sensitized solar cell with a low molecular weight organic gelator ［J］． Energy Environ Sci，2012，5（3）：6151－6155.

[168] Jihuai W，Sanchun H，Zhang L，et al. An all－solid－state dye－sensitized solar cell－based poly（N－alkyl－4－vinyl－pyridine iodide）electrolyte with efficiency of 5.64%．［J］． Journal of the American Chemical Society，2008，130（35）：11568－9.

[169] 秦琦，陶杰，杨艳，等．固态染料敏化太阳能电池用聚苯胺－乙炔黑空穴导体的制备（英文）［J］． Transactions of Nanjing University of Aeronautics & Astronautics，2010：345－352.

[170] Wang H，Zhang X，Gong F，et al. Novel Ester－Functionalized Solid－State Electrolyte For Highly Efficient All－Solid－State Dye－Sensitized Solar Cells ［J］． Advanced Materials，2012，24（1）：121－124.

[171] Ji Juan. Highly Efficient Solid－State Dye－Sensitized Solar Cell Based on Hydroxyethyl and Ester Co－functionalized Imidazolium Iodide ［A］． Conference Paper ［C］． 2013.

[172] Li Q，Wu J，Tang Q，et al. Application of microporous polyaniline counter electrode for dye－sensitized solar cells ［J］． Electrochemistry Communications，2008，10（9）：1299－1302.

[173] Zhu G，Pan L，Lu T，et al. Electrophoretic deposition of carbon nanotubes films as counter electrodes of dye－sensitized solar cells ［J］． Journal of Materials Chemistry，2011，56（27）：10288－10291.

[174] Sun H，Qin D，Huang S，et al. Dye－sensitized solar cells with NiS counter electrodes electrodeposited by a potential reversal technique ［J］． Energy Environ Sci，2011，4（8）：2630－2637.

[175] Li G，Wang F，Jiang Q，et al. Carbon Nanotubes with Titanium Nitride as a Low－Cost

Counter - Electrode Material for Dye - Sensitized Solar Cells [J]. Angewandte Chemie, 2010, 122 (21): 3735 - 3738.

[176] Xiao L, Mingxing W, Yudi W, et al. Novel counter electrode catalysts of niobium oxides supersede Pt for dye - sensitized solar cells. [J]. Chemical Communications, 2011, 47 (41): 11489 - 11491.

[177] Gong FWang H, Xu X, et al. In situ growth of Co (0.85) Se and Ni (0.85) Se on conductive substrates as high - performance cou,, nter electrodes for dye - sensitized solar cells. [J]. Journal of the American Chemical Society, 2012, 134 (26): 10953 - 10958.

[178] 丁雨田，尚兴记，王璟，等．染料敏化太阳能电池用聚苯胺/石墨复合对电极的制备与性能研究 [J]. 高分子学报，2014，21 (6)：844 - 850

[179] 李保民，纪雪梅，刘贤豪．染料敏化太阳能电池光阳极制备及其应用 [J]. 信息记录材料，2011，06：16 - 20

[180] 王艳香，李海超，范学运，等．阳极氧化法制备 TiO_ 2 纳米管及其电池性能研究 [J]. 人工晶体学报，2014，08：1975 - 1980

[181] 王艳香，高智丹，杨志胜，等．ZnO/TiO_ 2 复合光阳极染料敏化太阳能电池的研究 [J]. 人工晶体学报，2015，07：1783 - 1789

[182] 赵晋津，汪文娜，王鹏，等．TiO2@ CuInS2 纳米颗粒制备及其在染料敏化太阳能电池中的应用 [C] // 第一届新型太阳能电池暨钙钛矿太阳能电池学术研讨会 2014

[183] 田亮．螺旋藻色素蛋白复合物的提取及螺旋藻生物太阳能电池研究 [D]. 燕山大学，2014

[184] 王宝．新型吲哚啉敏化染料的合成及性能研究 [D]. 河北师范大学，2014

[185] 刘广陆．染料敏化太阳电池准固态电解质的研究 [D]. 河北工业大学，2007

[186] 常建立，王珂玮，徐倩倩，等．石墨烯包裹 P25 在染料敏化太阳能电池对电极中的应用 [J]. 石油学报（石油加工），2014，02：365 - 370

[187] Vinciguerra S., K Frenken, J. Hoekman , et al. European infrastructure networks and regional innovation in science - based technologies [J]. Economics of Innovation and New Technology, 2011, 20: 517 - 537.

[188] Ponds R, van Oort. F, and Frenken K. Innovation, spillovers and university - industry collaboration: an extended knowledge production function approach [J]. *Economic Geography* 10, 2010: 231 - 255.

附　录

附录 A　河北省纳米晶太阳能电池技术创新路线图要素——市场需求、产业目标调研

您好！

这是一份关于河北省纳米晶太阳能电池市场需求以及产业目标方面的调查，以便作者本人进一步绘制河北省纳米晶太阳能电池技术创新路线图。本问卷仅供研究使用，不涉及任何商业行为；对于您填写的所有信息，课题组将给予以特别的保护。您真实而完整的填写对我们的研究至关重要，真诚感谢您的支持！

本问卷主要分为三部分：基本信息、市场需求要素以及产业目标要素等，其中市场需求要素部分共有 14 项调查项目；产业目标要素部分共有 15 项调查项，请您耐心做出选择。在选择时，请您在认同的“○”中打“√”。

由于纳米晶太阳能电池技术为高新技术，较为复杂，若您不了解纳米晶太阳能电池或并未研究过纳米晶太阳能电池无须填写。

一、基本信息

1. 您了解纳米晶太阳能电池吗？［单选题］［必答题］

○ 是　　○ 否

2. 您研究过纳米晶太阳能电池吗［单选题］［必答题］

○ 是　　○ 否

二、市场需求要素

1. 高转换效率［单选题］［必答题］

○ 极重要　○ 重要　○ 一般　○ 不重要　○ 极不重要

2. 低发电成本［单选题］［必答题］

○ 极重要　○ 重要　○ 一般　○ 不重要　○ 极不重要

3. 便携式［单选题］［必答题］

○ 极重要　○ 重要　○ 一般　○ 不重要　○ 极不重要

4. 蓄电能力强［单选题］［必答题］

○ 极重要　○ 重要　○ 一般　○ 不重要　○ 极不重要

6. 弱光效应好［单选题］［必答题］

○ 极重要　○ 重要　○ 一般　○ 不重要　○ 极不重要

7. 寿命长［单选题］［必答题］

○ 极重要　○ 重要　○ 一般　○ 不重要　○ 极不重要

8. 产品多样性［单选题］［必答题］

○ 极重要　○ 重要　○ 一般　○ 不重要　○ 极不重要

9. 放电速率高［单选题］［必答题］

○ 极重要　○ 重要　○ 一般　○ 不重要　○ 极不重要

10. 环境友好型［单选题］［必答题］

○ 极重要　○ 重要　○ 一般　○ 不重要　○ 极不重要

11. 外形美观［单选题］［必答题］

○ 极重要　○ 重要　○ 一般　○ 不重要　○ 极不重要

12. 颜色多样［单选题］［必答题］

○ 极重要　○ 重要　○ 一般　○ 不重要　○ 极不重要

13. 高可靠性［单选题］［必答题］

○ 极重要　○ 重要　○ 一般　○ 不重要　○ 极不重要

14. 发电损耗低［单选题］［必答题］

○ 极重要　○ 重要　○ 一般　○ 不重要　○ 极不重要

三、产业目标要素

1. 提高光电转换效率［单选题］［必答题］

○ 极重要　○ 重要　○ 一般　○ 不重要　○ 极不重要

2. 降低材料成本/材料制造成本［单选题］［必答题］

○ 极重要　○ 重要　○ 一般　○ 不重要　○ 极不重要

3. 降低组件成本/组件制造成本［单选题］［必答题］

○ 极重要　○ 重要　○ 一般　○ 不重要　○ 极不重要

4. 提高电池蓄电能力［单选题］［必答题］

○ 极重要　○ 重要　○ 一般　○ 不重要　○ 极不重要

5. 减缓电池衰减［单选题］［必答题］

○ 极重要　○ 重要　○ 一般　○ 不重要　○ 极不重要

6. 制备质量轻、易携带的电池［单选题］［必答题］

○ 极重要　○ 重要　○ 一般　○ 不重要　○ 极不重要

7. 提高电池的弱光效应［单选题］［必答题］

○ 极重要　○ 重要　○ 一般　○ 不重要　○ 极不重要

8. 实现高效、高透光率组件［单选题］［必答题］

○ 极重要　○ 重要　○ 一般　○ 不重要　○ 极不重要

9. 实现柔性组件［单选题］［必答题］

○ 极重要　○ 重要　○ 一般　○ 不重要　○ 极不重要

10. 提高电池放电速率［单选题］［必答题］

○ 极重要　○ 重要　○ 一般　○ 不重要　○ 极不重要

11. 纳米晶太阳能电池回收与利用［单选题］［必答题］

○ 极重要　○ 重要　○ 一般　○ 不重要　○ 极不重要

12. 制备外形美观的纳米晶太阳能电池［单选题］［必答题］

○ 极重要　○ 重要　○ 一般　○ 不重要　○ 极不重要

13. 制备多彩化纳米晶太阳能电池［单选题］［必答题］

○ 极重要　○ 重要　○ 一般　○ 不重要　○ 极不重要

14. 提高电池耐候性和安全性［单选题］［必答题］

○ 极重要　○ 重要　○ 一般　○ 不重要　○ 极不重要

15. 降低纳米晶太阳能电池发电损耗［单选题］［必答题］

○ 极重要　○ 重要　○ 一般　○ 不重要　○ 极不重要

附录 B　河北省纳米晶太阳能电池技术发展模式及研发主体调研

您好！

这是一份关于河北省纳米晶太阳能电池技术发展模式及研发主体方面的调查，以便作者本人进一步探索河北省纳米晶太阳能电池技术产业化模式。本问卷仅供研究使用，不涉及任何商业行为；对于您填写的所有信息，课题组将给予以特别的保护。您真实而完整的填写对我们的研究至关重要，真诚感谢您的支持！

本问卷主要分为三部分：基本信息、河北省纳米晶太阳能电池技术发展模式以及河北省纳米晶太阳能电池技术研发主体，其中河北省纳米晶太阳能电池技术发展模式部分共有13项调查项目；河北省纳米晶太阳能电池技术研发主体部分共有13项调查项，请您耐心做出选择。在选择时，请您在认同的“○”中打“√”。

由于纳米晶太阳能电池技术为高新技术，较为复杂，若您不了解纳米晶太阳能电池或并未研究过纳米晶太阳能电池无须填写。

一、基本信息

1. 您工作的单位是否与生产或研发太阳能电池有关？[单选题][必答题]

○ 是　　○ 否

2. 您的研究领域是否与太阳能电池技术有关？[单选题][必答题]

○ 是　　○ 否

3. 在您的学术研究或应用研究方面是否涉及过太阳能电池技术？[单选题][必答题]

○ 是　　○否

二、河北省纳米晶太阳能电池技术发展模式

1. 研究开发导电玻璃[单选题][必答题]

○ 技术引进、消化、创新　　○ 省内自主研发

2. 研究开发柔性衬底材料[单选题][必答题]

○ 技术引进、消化、创新　　○ 省内自主研发

3. 新型纳米结构的开发[单选题][必答题]

○ 技术引进、消化、创新　　○ 省内自主创新

4. 新型染料敏化剂的研究开发[单选题][必答题]

○ 技术引进、消化、创新　　○ 省内自主研发

5. 准固态、高效固态电解质的开发[单选题][必答题]

○ 技术引进、消化、创新　　○ 省内自主研发

6. 封装材料PVB研究开发[单选题][必答题]

○ 技术引进、消化、创新　　○ 省内自主研发

7. 长寿命新型封装材料的研究开发[单选题][必答题]

○ 技术引进、消化、创新　　　　　　○ 省内自主研发

8. 低成本、标准化纳米结构制备工艺、设备的研究开发［单选题］［必答题］

○ 技术引进、消化、创新　　　　　　○ 省内自主研发

9. 低成本、性能佳的激光器的研究开发［单选题］［必答题］

○ 技术引进、消化、吸收　　　　　　○ 省内自主研发

10. 卷对卷生产工艺及设备的研究开发［单选题］［必答题］

○ 技术引进、消化、创新　　　　　　○ 省内自主研发

11. 高安全性、可靠性封装工艺的研究开发［单选题］［必答题］

○ 技术引进、消化、创新　　　　　　○ 省内自主研发

12. BIPV 构件组件的研究开发［单选题］［必答题］

○ 技术引进、消化、创新　　　　　　○ 省内自主研发

13. 高效率、低成本回收与再利用设备与技术研究开发［单选题］［必答题］

○ 技术引进、消化、创新　　　　　　○ 省内自主研发

三、河北省纳米晶太阳能电池技术研发主体

1. 导电玻璃的研究开发［可多选］［必答题］

□ 高校　　　　□ 企业　　　　□ 研究所

2. 研究开发柔性衬底材料［可多选］［必答题］

□ 高校　　　　□ 企业　　　　□ 研究所

3. 新型纳米结构的开发［可多选］［必答题］

□ 高校　　　　□ 企业　　　　□ 研究所

4. 新型染料敏化剂的研究开发［可多选］［必答题］

□ 高效　　　　□ 企业　　　　□ 研究所

5. 准固态、高效固态电解质的开发［可多选］［必答题］

□ 高校　　　　□ 企业　　　　□ 研究所

6. 封装材料 PVB 研究开发［可多选］［必答题］

□ 高校　　　　□ 企业　　　　□ 研究所

7. 长寿命新型封装材料的研究开发［可多选］［必答题］

□ 高校　　　　□ 企业　　　　□ 研究所

8. 低成本、标准化纳米结构制备工艺、设备的研究开发［可多选］［必答题］

□ 高校　　　　□ 企业　　　　□ 研究所

9. 低成本、性能佳的激光器的研究开发［可多选］［必答题］

□ 高校　　□ 企业　　□ 研究所

10. 卷对卷生产工艺及设备的研究开发［可多选］［必答题］

□ 高校　　□ 企业　　□ 研究所

11. 高安全性、可靠性封装工艺的研究开发［可多选］［必答题］

□ 高校　　□ 企业　　□ 研究所

12. BIPV 构件组件的研究开发［可多选］［必答题］

□ 高校　　□ 企业　　□ 研究所

13. 高效率、低成本回收与再利用设备与技术研究开发［可多选］［必答题］

□ 高校　　□ 企业　　□ 研究所

附录 C　区域纳米技术发展关键路径研究测度变量间的相关系数矩阵

		1	2	3	4	5	6	7	8	9
1	Nano funding (log)	1								
2	Nanotech spillovers – Collaboration (log)	0. 8519	1							
3	Nanotech spillovers – Proximity (log)	0. 5248	0. 6708	1						
4	Funding spillovers – Collaboration (log)	0. 8863	0. 9635	0. 6195	1					
5	Funding spillovers – Proximity (log)	0. 5184	0. 639	0. 9603	0. 6262	1				
6	International collaboration intensity (log)	0. 195	0. 1773	0. 0737	0. 2039	0. 0803	1			
7	R&D/GDP	0. 5277	0. 5752	0. 1848	0. 5341	0. 1423	0. 2092	1		
8	Non – nano patent/ R&D	–0. 3549	–0. 4477	–0. 2474	–0. 4452	–0. 2348	–0. 0196	–0. 5067	1	
9	Population (log)	0. 4271	0. 3313	0. 091	0. 4038	0. 1113	0. 1296	–0. 1193	0. 0722	1

Note: Year dummies variables are not reported.